Walter Wanner

Wer bin ich — Wer bist Du?

Handbuch Jugendpsychologie

Zum Selbststudium, für Jugendleiter
Lehrer, Seelsorger und Eltern

BRUNNEN VERLAG · GIESSEN/BASEL

ABCteam

Bücher, die dieses Zeichen tragen, wollen die Botschaft von Jesus Christus in unserer Zeit glaubhaft bezeugen.

Das ABCteam-Programm umfaßt:

- ABCteam-Taschenbücher
- ABCteam-Paperbacks mit den Sonderreihen: Glauben und Denken (G + D) und Werkbücher (W)
- ABCteam-Jugendbücher (J)
- ABCteam-Geschenkbände

ABCteam-Bücher erscheinen in folgenden Verlagen:

Aussaat Verlag Wuppertal / R. Brockhaus Verlag Wuppertal
Brunnen Verlag Gießen / Bundes-Verlag Witten
Christliches Verlagshaus Stuttgart / Oncken Verlag Wuppertal
Schriftenmissions-Verlag Gladbeck

ABCteam-Bücher kann jede Buchhandlung besorgen.

11.—17. Tausend
2., bearbeitete u. erweiterte Auflage 1980

Umschlagfoto: E. Jauregui-ZEFA

Herstellung: Mohndruck, Gütersloh
ISBN 3 7655 3102 2

INHALT

Zweites Blickfeld:

Tiefenpsychologie

Einleitung

Warum befragen wir die Psychologie?

— Die Frage nach der Motivation —

Am Anfang stellt sich die Frage: Warum beschäftigen wir uns mit den Forschungsergebnissen und den Methoden der Psychologie? Mit dieser Frage nach den Beweggründen unseres Studiums bzw. nach der Motivation testen wir uns gleichzeitig. Es könnte sich doch folgendermaßen verhalten:

Motivation I

Ein Ausgangspunkt ist zum Beispiel die Suche nach der Identität. Das heißt: Wir stellen uns die Frage: „Wer bin ich?“ Darauf wollen wir Antworten bekommen. Und deshalb wenden wir uns an die Psychologie. Kann sie uns bei der Suche nach der Identität helfen?
Der Theologe und Widerstandskämpfer im Dritten Reich, Dietrich Bonhoeffer, hat während seiner Haft in Berlin nicht nur Selbstgespräche geführt. Sein Leben war ein Gespräch mit Gott. Von ihm stammen folgende Verse:

„...

Bin ich das wirklich,
was andere von mir sagen?
Oder bin ich nur das,
was ich selbst von mir weiß?

...

Wer bin ich?
Der oder jener?
Bin ich denn heute dieser
und morgen ein anderer?
Bin ich beides zugleich?
Vor Menschen ein Heuchler
und vor mir selbst
ein verächtlich wehleidiger Schwächling?

...

Wer bin ich?
Einsames Fragen treibt mit mir Spott.
Wer ich auch bin,
du kennst mich,
dein bin ich, o Gott!“

(Aus „Widerstand und Ergebung“.)

Diese Worte klingen wie eine Klage. Weiß Bonhoeffer wirklich nicht mehr von sich selbst? Kennt er sich nicht besser? Doch gerade in diesem Gespräch empfängt er tiefere Erkenntnisse über sich. Er stellt sich und sein Wissen über sich vollkommen in Frage. Und dies ist der Ansatzpunkt für das Erkennen seiner selbst. Seine Verse sind nicht in den Wind gesprochen. Bonhoeffer hat ein Gegenüber. Das Gegenüber, das ihn erkannt hat. Dieses Erkanntsein von Gott tröstet ihn. Er ist in seinem Wissen und Nichtwissen geborgen in Gott und hat die Position inne, von der wir nachher zu sprechen haben (→ Seite 192—195).
Wir wissen viel weniger von uns selbst. Werden wir nun durch das Studium und durch die Auseinandersetzung mit der Psychologie mehr von uns wissen?
Und wenn es zutrifft: Was werden wir mit diesem „Mehr-Wissen“ anfangen? Werden wir es nur für uns selbst gebrauchen?
Können wir dieses „Mehr-Wissen“ überhaupt ertragen? Unter welchen Voraussetzungen könnte es zur persönlichen Hilfe werden?

Wäre es auch möglich, daß wir uns über das persönliche, ichbezogene Interesse hinaus mit der Psychologie beschäftigen? Dies wäre der weitere Beweggrund:

Motivation II

Damit haben wir ein weiteres Blickfeld, eine zweite Perspektive, hinzugewonnen: den anderen Menschen!
Ein Ausgangspunkt wäre also: Wie kann ich den anderen besser verstehen lernen? Wie kann ich ihm näher kommen, um ihm helfen zu können? Mit welcher Betrachtungsweise und mit welchem Verhalten werde ich ihm gerecht?

Wer bist du?
Ich kenne dich nicht.
Oft habe ich dich verkannt,
habe mir ein Bild von dir entworfen
und dann festgestellt:
Es trifft nicht zu.
Ich wollte dir helfen
und verletzte dich tief.
Dann entzog ich mich deinem Wesen.
Unerklärlich ist mir alles.
Hätte ich nur einen Schlüssel
zu deiner Seele,
einen Zugang zu deiner Tiefe!

Irgendwo schlummert dein Ich.
Warum bist du — so wie du bist?
Und bist du es wirklich?
Was leitet dich in deinem Tun,
und wer hält dich zurück?
Was spricht aus dir?
Bist du es selbst
oder nur ein Teil von dir?

Was ist dein Ziel
und deines Wesens Grund?
Warum bleibst du mir so fremd?
Wer bist du?
Wie finde ich den Schlüssel
zu deiner Seele?

Wir haben es ständig mit dem anderen zu tun. Keiner ist eine Insel und lebt nur für sich selbst. Die Felder der sozialen Beziehungen sind vielfältiger Art:

Felder sozialer Beziehungen:

				Familie Eltern Geschwister				
				↕				
Gesellschaft Kirchengemeinde Gemeinschaft	←	**Gruppe** Kameraden Freunde	↔	**ICH**	↔	**Schule** Lehrer Mitschüler	→	**Gesellschaft** Ortsgemeinde
				↕				
				Betrieb Vorgesetzte Kollegen				

Im Familienkreis leben wir mit den Geschwistern und den Eltern. In der Schule setzen wir uns mit den Mitschülern und den Lehrern auseinander. In der Gruppe haben wir Freunde und Rivalen. Im Geschäft oder im Betrieb verkehren wir mit den Kollegen und behaupten unseren Platz. In der Gemeinde kooperieren wir mit den anderen.
Kann uns die Psychologie dazu verhelfen, daß wir die Mitmenschen besser verstehen lernen und daß wir dann besser mit ihnen auskommen? (→ Seite 195—197.)
Vielleicht könnte dadurch das „Klima" total verändert werden?

Testen wir uns! Ist dies ein Beweggrund für uns?
Aus der Motivation I (Wie finde ich meine Identität?) und aus der Motivation II (Wie lerne ich den anderen Menschen besser kennen?) folgt notgedrungen die Motivation III: Wir fragen uns nach der speziellen Aufgabe, die wir übernommen haben oder die noch vor uns liegt.

Motivation III

Der Ausgangspunkt dafür wäre: Wie können wir unsere Funktion in der Jugendarbeit und in der Schule oder unsere Aufgabe in der Gemeinde besser wahrnehmen und erfüllen? Gibt es psychologische Erkenntnisse und Erfahrungen über das Wesen der Jugendlichen, die wir beachten müssen, um einen Jugendkreis zu motivieren und den einzelnen entfalten zu können?
Wird uns das Studium der Psychologie dazu befähigen, unsere Verhaltensweisen und Reaktionen zu erkennen und zu überprüfen, welche Situation wir dadurch auslösen?
Werden wir tieferliegende Prozesse innerhalb der Gruppe erkennen und der Gruppe bewußt machen können?

Lernziele

Inzwischen haben wir längst bemerkt, daß die Fragen, die sich von dem jeweiligen Ausgangspunkt unserer Motivation her ergeben, zugleich auch die Zielpunkte sein können, die wir anvisieren. Wir wollen in Lernprozesse eintreten und durch Lesen und Reflektieren Erkenntnisse gewinnen, Erfahrungen auswerten, Ergebnisse studieren und prüfen und Fähigkeiten gewinnen.
Diese Zielpunkte sind unsere Lernziele. Statt der üblichen Formulierung: „Der Leser soll erkennen können ...“ oder: „Der Studierende soll befähigt werden ...“ haben wir hier nur Fragen gestellt, die beliebig ergänzt werden können.

Der Nutzeffekt unseres Studiums erweist sich in der Anwendung, also in der Praxis, wenn wir darüber reflektieren oder mit der Gruppe ins Gespräch kommen. Darauf können wir in jeder Weise gespannt sein, denn die geringste Veränderung unseres eigenen Verhaltens bewirkt eine weitgehende Veränderung unserer Beziehungen zur Gruppe — und zu den Mitmenschen überhaupt.

Es wurden hier sechs Blickfelder ausgewählt und dargestellt, deren Studium der Ermutigung und Befähigung dienen soll, uns selbst und den anderen liebevoll unter die Lupe zu nehmen, damit wir uns und ihn besser erkennen und verstehen können:
Entwicklungspsychologie, Testpsychologie, Tiefenpsychologie, Typenpsychologie, Sozialpsychologie — und „Sorgenkinder".
Das Kapitel „Sorgenkinder" stellt — wenigstens im Ansatz — das Resultat der vorhergehenden Betrachtung der fünf Blickfelder dar. Es wird auf die vielen „Fälle" bezogen, die uns fast täglich im Beruf, im Engagement in der Jugendarbeit oder auf der Straße begegnen. Der Blick auf die „Sorgenkinder" soll uns zum helfenden Betrachten motivieren und den Blick für die Nöte und Probleme um uns herum schärfen. Es ist möglich, daß wir uns selbst irgendwo unter diesen „Fällen" begegnen oder Probleme entdecken, die uns nicht fremd sind.
In diesem Fall — wie auch in jedem anderen — empfiehlt es sich, den Schlußteil aufzuschlagen, um dort unter „Erkennen und Helfen" — und speziell beim Blick in die Seelsorgepraxis Jesu — in die rechte Behandlung und damit zur Lösung oder gar zur Gesundung zu kommen.

Erstes Blickfeld:

Psychologie der Entwicklung

I. Die Wachstumsphasen

1. Die Problematik einer Entwicklungspsychologie nach Wachstumsphasen

Ausgangspunkt: Die „moderne" Entwicklungspsychologie kritisiert die Phaseneinteilung. Sie stellt die Frage: Ist die körperliche und seelische Entwicklung, sind die Prägungen und die Verhaltensweisen der Kinder und Jugendlichen einer Altersphase im wesentlichen gleichartig?
Diese Richtung innerhalb der Psychologie argumentiert folgendermaßen: Es gibt keine Individuen, die in allen Punkten gleiche Wesenszüge tragen. Demnach gibt es auch keine gleichförmig verlaufende Entwicklung in bestimmten Abschnitten des Lebens.
Dagegen kann folgendes gesagt werden:
1. Alle Einwände, die gegen die Phaseneinteilung vorgebracht werden, können aber nicht in Abrede stellen, daß die Vielfalt des individuellen Wachsens und Reifens überschaubar gemacht werden muß.
Auch die Typologie (Klassifizierung der Menschen nach bestimmten Typen) ist ein Versuch, die Mannigfaltigkeit menschlicher Daseinsformen und Eigenschaften zu klassifizieren und damit überschaubar zu machen.

2. Wenn die Erlebnis- und Verhaltensweisen in einer Altersphase nicht völlig gleichartig sind, dann sind sie sich doch im wesentlichen ähnlich.
Bei der Untersuchung und Beschreibung von Äußerungen bestimmter Verhaltensweisen in einem Zeitabschnitt handelt es sich um die Darstellung von Ergebnissen auf der Basis der phänomenologischen Ähnlichkeit.
3. Es werden auch keine Rückschlüsse auf die individuelle Persönlichkeitsstruktur gezogen. Dafür sind die Aussagen viel zu allgemein. Die unauswechselbare Eigenart des Menschen tritt erst bei der Einzelbeobachtung, d.h. bei der Betrachtung eines bestimmten Menschen in seiner Phase, hervor.
Beispiele: Die Pubertät eines Jungen im gleichen Lebenskreis (z.B. Familie) kann anders verlaufen als die des Bruders — und doch lassen sich generelle Gemeinsamkeiten feststellen.
Oder: Zwei Freunde in der Jugendgruppe erleben den Einbruch der Pubertät zeitlich völlig verschieden. Bei dem einen tritt eine Verfrühung (Akzeleration), beim anderen sogar eine Verspätung (Retardation) ein. Dieser Tatbestand spricht trotzdem nicht gegen die Darstellung der Merkmale und Vorgänge der Reifung in einem dafür typischen Zeitabschnitt.
Wenn tatsächlich große Unterschiede aufgrund der individuellen Situation festzustellen sind, dann geht es gerade darum, die Ähnlichkeiten herauszustellen, um den Einzelfall differenzieren (abgrenzen) zu können.
Erst wenn wir z.B. über die Vorgänge während der Trotzperiode im allgemeinen Bescheid wissen, können wir feststellen, daß diese Phase unter Umständen bei einem Kind anders verläuft.

2. Tabellen der Entwicklung nach Phasen

Schema der Wachstumsphasen (Tabelle I)

Geburt

1	Säugling
2	Kleinkind
2/3—4	*Trotzperiode*
5	(Kleine Pubertät)
1. Gestaltwandel 6	Schulkind
	Latenzperiode
	Vorpubertät
Mädchen 10/11—13 Jungen 10/12—15 (M) 1. Regel 10/13	*1. Phase der Pubertät* (Reifezeit)
2. Gestaltwandel Mädchen 13—16 Jungen 15—17/18 Maturität (J) 14—16	*2. Phase der Pubertät*
	Phase der Ausreifung (Adoleszenz)

Entwicklungspsychologisches Schema (Tabelle II)

I. Kindheit	
a) Frühkindliche Phase: (0—2)	Entwicklung des Objektbewußtseins, Bewegungsgestaltung, Erfassung der Dinglichkeit
b) Trotzperiode (3—4/5)	Wendung zum Subjekt, erste Stellung zu Sinn und Wert
c) Latenzperiode (5—8)	Einordnung in die Umwelt, Objektbeziehung
d) Vorpubertät (9—11/12)	Erste Konzeption der Begriffe: Leistung, Pflicht, Aufgabe
II. Der Jugendliche	
a) Pubertät (erste Phase) (Mädchen 11—13) (Jungen 12—15)	Erneute Hinwendung zum Subjektiven, Disharmonisierung, Gespaltenheit, Protest in jeder Form
b) Pubertät (zweite Phase) (Mädchen 13/14—17) (Jungen 15/16—18)	Reharmonisierung, Skala der Werte, Hinwendung zum Objekt, Kritische Auseinandersetzung mit der Umwelt
c) Adoleszenz (M. ab 17, J. 18)	Synthese von Objekt- und Subjektbezügen, Hingabe an das Du
III. Der Erwachsene	
a) Der junge Erwachsene (20—30)	Entwurf der eigenen Existenz, Selbstverwirklichung, Zielsetzung des Lebens
b) Der Erwachsene (30—50)	Aufbau, Spezifizierung der eigentlichen Bindungen und Entscheidungen
c) Der ältere Mensch (50—65)	Einordnung des Lebens in einen größeren Sinnzusammenhang
d) Der alte Mensch (65→)	Ablösung, Rückschau, Vorbereitung auf das Kommende

Krisenzeiten des Menschen (Tabelle III)

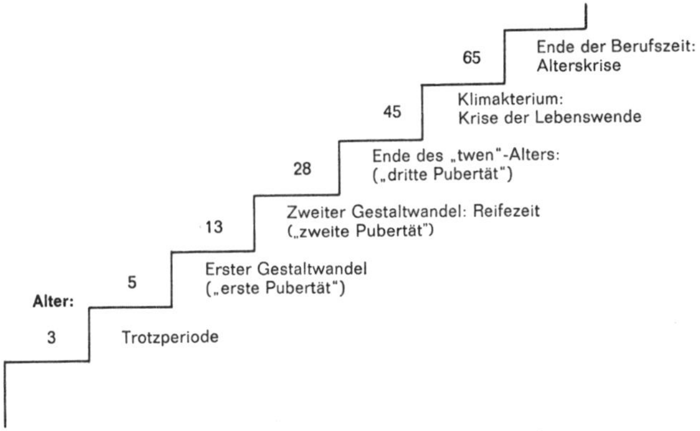

3. Welche Faktoren bestimmen die Entwicklung?

Ist die Entwicklung des Menschen anlagebedingt oder von Umweltfaktoren abhängig? Es gilt als gesichert, daß wichtige im Aufbau der Persönlichkeit biologisch verankerte Eigenschaften stärker anlage- als umweltbedingt sind. Zum Beispiel das hormonale Reifungstempo, die körperliche und seelische Konstitution, Vitalität, Motorik und Sensibilität, Grundsteuerung und Temperament, im gewissen Grad sogar Intelligenz.
Dagegen müssen Lebensstil, Charakterbildung, emotional-geistige Gehalte und Sinngebungen u.a. als Folge der Wirksamkeit der Umweltanpassung gesehen werden.
Es ist selbstverständlich, daß jedes Entwicklungsgeschehen wesentlich davon abhängt, in welche Umwelt bzw. Lebenssituation das Kind gestellt ist und welche Formen der Anpassung durch die soziokulturellen Bedingungen aufgezwungen

werden. Alle Entwicklungsprozesse führen zu einer unvertauschbaren Persönlichkeitsstruktur, weil der Heranwachsende auf die Herausforderung seiner Umwelt ganz individuell antwortet.

Die Anlagefaktoren aber sind das Rohmaterial im Aufbau der Persönlichkeit. Ihre Reichweite und ihre Art können heute viel genauer erfaßt werden als es früher möglich war. Die Entwicklung des Kindes und des Jugendlichen wird also von den Faktoren der anlagebedingten biologischen Reifung und von der erfahrungsverwertenden Anpassung an soziale Daseinsbedingungen bestimmt. Zwischen beiden Faktoren besteht eine Wechselwirkung.

Anlage- und Umweltfaktoren (Tabelle IV)

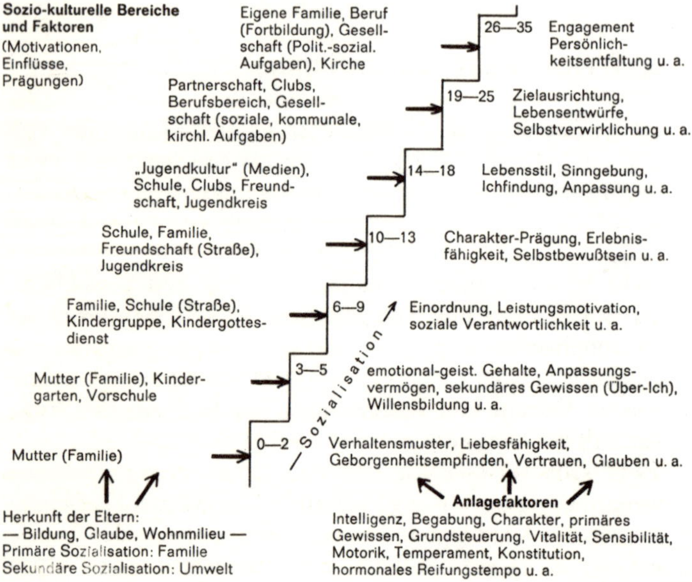

II. Entwicklungsvorgänge in den frühkindlichen Phasen

1. Das erste Lebensjahr

Die Erlebnisse eines Säuglings im ersten Lebensjahr — oder: Wenn ein Säugling darüber berichten könnte:

Heute bin ich geboren worden. Mit einem Schrei begann ich mein Leben als selbständiges Wesen. Dennoch — darüber besteht kein Zweifel — bin ich noch völlig hilflos. Ich bringe zwar den so wichtigen Sauginstinkt mit, muß aber alle wichtigen Lebensfunktionen erst noch erlernen. So beginnt der Lernprozeß, der — wie die Erwachsenen sagen — nie enden wird.
Aber ich kann schon richtig Nahrung aufnehmen. Ich melde mich einfach durch Schreien. Das wirkt immer. Dann bekomme ich Nahrung von der Mutterbrust oder von der Flasche. Bitte, ich kann nicht nur schreien, ich kann auch trinken! Auch arbeitet mein Ernährungs- und Verdauungsapparat ganz gut. Nicht nur dies: Die Erwachsenen sagen, daß alle physischen Funktionen, Atmung, Herztätigkeit und Blutkreislauf vom vegetativen Nervensystem gesteuert werden. Ich habe also auch schon so etwas wie einen kleinen Computer in mir.
Manche Erwachsenen behaupten, mein Seelenleben sei noch nicht entwickelt. Entwickelt ist es vielleicht noch nicht, dies soll sogar bei Erwachsenen vorkommen. Aber die Struktur der Seele ist vorhanden. Freilich, das Leben der Seele ist mir noch unbewußt. Doch nehme ich schon die ersten Eindrücke auf.
Es stimmt, ich kann noch nicht gut hören. Nur grobe Reize nehme ich auf. Selbstverständlich kann ich Kälte und Wärme spüren. Wenn es mir zu kalt ist, melde ich mich nach bewährter Methode. Mein Tastsinn ist zwar noch nicht aus-

geprägt, aber er ist im Kommen. Auch mein Geschmacks- und Geruchssinn bildet sich langsam aus. Im übrigen brauche ich viel Schlaf. Die Umwelteinflüsse haben noch keine starke Wirkung auf mich. Es ist gut, wenn man mich noch schont!

Am wichtigsten sind Zuwendung und Liebe

Ich merke, wie sehr meine Eltern meine schnelle Entwicklung bestaunen. In den ersten drei Monaten lerne ich am meisten. Ich kann jetzt, nach einem Monat, bereits meinen Kopf heben und drehen. Das macht mir großen Spaß. Jeden Laut nehme ich nun auf und versuche zu ergründen, woher er kommt.

Nun bin ich sechs Wochen „alt", wie die Erwachsenen sagen. Ich kann jetzt zeigen, wie sehr ich mich freue, wenn jemand lieb mit mir spricht. Ich kenne selbstverständlich meine Mutter, meinen Vater und die Geschwister, weil sie ständig nach mir sehen, freilich ohne zu wissen, wer sie sind.

Jetzt höre ich auch schon leise Geräusche und sehe zu, wenn die Mutter arbeitet. Ich freue mich, daß ich auch schon zeigen kann, wie wohl ich mich fühle. Früher konnte ich ja nur schreien. Ich spüre auch schon ganz gut, wenn mich jemand nicht so lieb ansieht. Wie sehr bin ich doch auf Liebe angelegt! Die Erwachsenen sprechen von Geborgenheit. Wie gut ist es, daß meine Mutti so viel Zeit für mich hat und mit mir spricht und scherzt! Auch für die liebevolle Zuwendung des Vaters bin ich dankbar. Ich möchte keinesfalls verwöhnt oder verzärtelt werden. Eine sichere Hand vermittelt auch mir Sicherheit. Ich lebe von Erlebnissen, und seien sie noch so unbedeutend.

Mutti ist die Beste

Ehrlicherweise muß ich natürlich gestehen, daß mir noch nicht bewußt war, daß das liebe Gesicht, das mich so gütig anlachte und ständig bei mir war, meine Mutter ist. Vom

Sehen her konnte ich sie unterscheiden, jedoch noch nicht als meine Mutter erkennen. Vielleicht aber spürte ich es doch schon. Nun kann ich mittels der Farbunterschiede die Personen unterscheiden, die mich umgeben.
Mit sechs Monaten unterscheide ich bereits zwischen fremden und bekannten Personen. Ich sitze ja nun schon für kurze Zeit in meinem Bettchen. Bald kann ich auch den Gesichtsausdruck der Personen erfassen! Wie sehr erschrecke ich, wenn ich Mutters Tränen sehe — und wie freue ich mich, wenn Vati fröhlich nach Hause kommt! Meine Seele nimmt alle Erlebnisse auf.
Ich muß auch schon mit Belastungen fertig werden, zum Beispiel wenn Mutter längere Zeit abwesend ist. Am liebsten wäre es mir, wenn ich immer bei ihr sein könnte. Ich muß ihre Nähe spüren. Die Erwachsenen sprechen von unbewußtem Vertrauen.
Das Abstillen war eine harte Sache für mich. Wer will schon eine solch innige Bindung aufgeben? Meine Mutter hat mir zwar einen Schock erspart, weil sie es unendlich behutsam und vorsichtig tat. Sie hat mich gleichzeitig an feste Nahrung gewöhnt. So ging es dann.
Nun bin ich bereits neun Monate auf der Welt. Was ich alles kann? Ich kann bereits die ersten Worte sagen. Überhaupt versuche ich jetzt, alle Wortklänge nachzuahmen. Am meisten freue ich mich, wenn jemand mit mir spielt. Vom Vergnügen, die Umwelt zu erobern, will ich gar nicht sprechen! Ich krieche, wenn immer möglich, überall hin. Wenn ich doch nur schon gehen könnte!

Ich erobere mir meine Umwelt

Nun kann ich die ersten Schritte an Mutters Hand machen. Ich bin jetzt ein Jahr alt. Natürlich benutze ich meistens noch die sichere Methode des Kriechens. Doch oft muß ich in den Laufstall, der meine Entdeckerfreude und meine Eroberungslust sehr eindämmt. Wahrscheinlich habe ich mich öfters schon ein wenig übernommen. Vielleicht ist das Erobern auch nicht ungefährlich für mich. Kürzlich habe ich an der Tischdecke gezogen und ... nun ja, reden wir nicht darüber!

Die Anweisungen meiner Eltern verstehe ich schon ganz gut, ich kann auch erkennen, welche Reaktionen meine Aktionen auslösen. Ich lerne vor allen Dingen, mich darauf einzustellen. Zum Beispiel werfe ich gern meine Spielsachen aus dem Laufstall. Dabei teste ich meine Eltern auf ihr Durchhaltevermögen. Bitte, man spricht doch ständig von „Trimm-dich"!

Überhaupt betätige ich mich gern. Dies klingt zwar so erwachsen, aber ich meine es für meine Ebene. Ich muß doch meine motorischen Funktionen ausprobieren und kontrollieren lernen. Dies geht übrigens schon ganz gut!

Wenn ich meine Wünsche weitergebe, gebrauche ich nun schon Wörter. Zugegeben, ich spreche sie meistens nach, aber einige habe ich auch bereits selbst erfunden. Jedenfalls, es klappt. Man versteht mich, und ich versuche, mich nach den Erwachsenen zu richten.

Rückblick auf das erste Lebensjahr

Wie sehr die Entwicklung der ersten Monate beobachtet werden muß und wie wichtig es ist, diese zu fördern und zu lenken, das weiß inzwischen jeder erwachsene Mensch. Man sagt, daß die ersten Monate und Jahre entscheidend für das gesamte weitere Leben sind. Die Erlebnisse prägen den Charakter! Hier werden die Weichen für ein gesundes weiteres Wachstum oder aber für die Fehlentwicklung gestellt. Schon in den ersten Monaten muß z.B. darauf geachtet werden, daß das Kind bei der Nahrungsaufnahme nicht gestört wird. Nahrungsaufnahme bedeutet ja zugleich Befriedigung des Lustgefühls. (→Seite 70.)

Dabei muß beachtet werden:

- Regelmäßigkeit. Der bestimmte Rhythmus muß eingehalten werden! Unterbrechungen wirken sich störend aus.

- Sicherheit. Das Kind muß gerade bei der Nahrungsaufnahme Geborgenheit und Hingabe erfahren können!
- Allmähliche, behutsame Abstillung. Damit wird die selbständige Entwicklung des Kindes eingeleitet.

Aus dem instinktmäßig und reflexartig handelnden und reagierenden Säugling des ersten Jahres ist nun das Kleinkind geworden, das bereits Ansätze zur Willensbildung und Willensäußerung zeigt und damit selbständiger wird.
Die Entwicklung des ersten Jahres entspricht — nach der Meinung mancher Psychologen — dem biogenetischen Grundprinzip, nach dem der Säugling die Entwicklung der Menschheitsgeschichte in diesen Monaten durchlebt.

2. Das zweite Lebensjahr

Das zweite Lebensjahr ist durch folgende Vorgänge gekennzeichnet:

1. Die Ausweitung des Lebensraumes.
2. Die Fähigkeit zur Differenzierung (Abgrenzung und Trennung).

Das Kind weitet den Lebensraum ständig weiter aus. Dabei wird das Interesse an der Umwelt intensiviert. Immer stärker versucht es, Tätigkeiten selbständig durchzuführen. Im Spiel treten die ersten schöpferischen Züge auf. Selbstverständlich braucht es nach wie vor die schützende Begleitung des Erwachsenen in allen Entwicklungsvorgängen. Es braucht vor allem das Gefühl der Geborgenheit und der Sicherheit. Um so mehr kann es den unmittelbaren Erlebnisraum ausschreiten und ausweiten.
Der Säugling fühlt sich mit seiner Umwelt noch ganz verbunden und vereint. Im zweiten Lebensjahr aber bahnt sich die Differenzierung an. Das Kind kann bereits seine Kleidung unterscheiden. Es weiß, was es anziehen will. Zwar ist der eigene Willensimpuls noch sehr kurzlebig, aber erste

Ansätze zur Durchsetzung des eigenen Willens, um ein bestimmtes Ziel zu erreichen, zeigen sich bereits.

Die Differenzierung von der Umwelt ist eine schwere Aufgabe für das Kind. Es muß erfassen lernen, was nicht zu ihm gehört und ihm fremd ist. Es muß also die notwendige Abgrenzung in seiner eigenen Erfahrung vornehmen. So lernt es sich als Subjekt, als verschieden von jedem und allem, zu erfassen. (→Seite 25.)

3. Das dritte Lebensjahr

Dieser Prozeß der Differenzierung wird nunmehr besonders sichtbar, weil sich durch Laufen und Sprechen viele Möglichkeiten der Beziehungsveränderung gegenüber der Umwelt ergeben. Gleichzeitig erkennt das Kind aber, daß es sich doch nicht ablösen kann, sondern in einem Wechselspiel von Differenzierungsversuchen und Verlangen nach Geborgenheit und Einheit mit allem verbleibt. Nun beginnt die sogenannte Trotzperiode. (→Seite 16.)

III. Das Trotzalter

In dieser Phase will das Kind seine eigene Existenz erproben. Es will das Bedürfnis nach Autonomie bestätigt bekommen.

Um seine eigene Existenz zu erproben, begibt sich das Kind im Trotzalter oftmals in eine Gegensätzlichkeit zu anderen Personen. Behält es seinen Willen, so zeigt es eine übertriebene Begeisterung. Wird es gezwungen beizugeben, empfindet das Kind das Gefühl, unterlegen zu sein, was einer seelischen Niederlage gleichkommt und das Selbstwertgefühl verletzt. Selbstverständlich dienen solche Konfliktsituationen auch der Abgrenzung des eigenen kleinen Ich von der großen Umwelt.

Das Kind schreitet aber nicht nur die Grenzen zur Erwachsenenwelt ab, es fängt auch an, zwischen Träumereien und der Wirklichkeit zu unterscheiden. Nun beginnt es, sich zu verstellen. Es verhält sich ähnlich wie in der Reifezeit ambivalent. Das heißt, es zeigt eine doppelgesichtige, doppelwertige Verhaltensweise. Äußerlich bejaht es eine Anweisung, weil es ihm Vorteile bringt, innerlich aber bleibt es bei der Verneinung. (→Seite 41.)

Diese Neigung zum Gespaltensein muß erkannt werden, denn dieser Augenblick ist für die künftige Entwicklung von größter Bedeutung. Es muß eine tiefwirkende gemütsbildende und moralische Erziehungsarbeit geleistet werden. Dies bedeutet: Eltern und Erzieher müssen dem Kind helfen, seine Gefühle zu erkennen, zu ordnen und zu lenken. Dabei soll das Kind erkennen können, daß die Eltern und Erzieher in ihrer ganzen Existenz (Verstand, Gefühl, Empfindung, Glauben und Handeln) auf Christus bezogen sind. Sie müssen ihr Verhalten und Handeln aus diesem Bezogensein heraus durchsichtig machen.

Es ist gerade im Trotzalter notwendig, das Kind am inneren Leben der Erwachsenen teilhaben zu lassen. Dazu bieten sich an: Gebet, Gespräch, Lesen der Bibel, Übernahme von Verantwortung für andere Menschen usw.

Im Trotzalter entwickelt die Libido (Seelenenergie) ihre Tätigkeit sehr stark. Es bilden sich Komplexe und Leidenschaften aus, die um so mehr mit Angst geladen sind, je mehr sie verheimlicht werden, z.B. Eifersucht, Sexualität, Geltungsstreben, Machttrieb u.a. (→Seite 66.)

Wenn das Kind die Konflikte nicht mehr verkraftet, sperrt es sich gegenüber der Umwelt und zieht sich in frühkindliche Phasen mit primitiveren Verhaltensweisen zurück. Es regrediert dann in die orale oder anale Phase, wobei Neigungen zur ungehemmten Befriedigung der elementaren Triebe hervorbrechen. (→Seite 70.)

1. Was verstehen wir unter Trotz und Trotzhaltung?

Trotz ist eine Regung des Zornes, die in ihrem unmittelbaren Ausdruck gehindert wird. Es kommt dadurch zur Verkrampfung. (→Seite 122; 186.)
Trotz ist gebändigte Aggression, die zum Ausbruch drängt.
Trotz ist ein Mittel zur Durchsetzung des eigenen Willens.
Trotz ist die Waffe des Schwachen gegen die mächtigen Erzieher.
Trotz ist ein Mittel der Selbstwertsteigerung, um sich interessant zu machen und dadurch das Geltungsbedürfnis zu befriedigen. (→Seite 71.)

2. Wie kommt es zum kindlichen Trotz?

Das Kind verfügt im Alter von zwei bis drei Jahren bereits über einen Erfahrungsschatz, der es befähigt, eine Vielfalt möglicher Ereignisse erwartungsgemäß vorwegnehmen zu können. Tritt nun aber plötzlich ein neuartiges und damit unerwartetes Ereignis ein, dann kann es zur Abwehrhaltung und damit zum Trotz kommen.
Ferner ist das Trotzalter dadurch zu erklären, daß nach einer langen Zeit der liebevollen und zärtlichen Zuwendung der Mutter eine zu plötzliche Zurückhaltung oder eine Versachlichung der Beziehung zum Kind eintritt. Daraus folgt eine Intensivierung (Verstärkung) der Affektlage beim Kind. Das Kind wehrt sich gegen die Verminderung an seelischer Wärme und fürsorglicher Pflege. Die Reaktion ist Trotz, Abwendung, Herausforderung bis hin zum Bettnässen.

3. Wie begegnet man dem kindlichen Trotz?

Eine Gewalterziehung, die den Zerbruch des kindlichen Willens zum Ziel hat, ist verfehlt. Nachgiebigkeit um jeden Preis ist ebenso falsch.

Das Trotzalter ist die entscheidende Phase der Persönlichkeitsentwicklung. Dazu gehört vor allem die Bildung des Willens und des Selbstbewußtseins. Kinder ohne Antriebskraft bleiben im späteren Leben auf der Strecke. Ohne Aggression ist ein Überleben kaum denkbar. Freilich muß gestaute Aggression abgebaut, sublimiert und sinnvoll angewandt werden. Dafür müssen im Trotzalter die Weichen gestellt werden. Das Kind muß erfahren und erleben, wie sich der Aggressionstrieb auswirkt, wozu er notwendig ist und wann er zerstörend wirkt.
Das Kind muß in Lösungssituationen hineingestellt werden und Lösungsmöglichkeiten im Rahmen der Familie durch beispielhafte Erziehung erkennen und erproben lernen. Als Zielsetzung sollte gelten: Einordnung in die Gemeinschaft und gleichzeitige Stärkung der Individualität des Kindes.

4. Praktische Hinweise für die Erziehung im Trotzalter

- Der kindliche Wille muß sich am geeigneten Objekt (Geschwisterbeziehung, Spielzeug u. a.) und durch kleine Aufgabenstellung und spielendes Lernen entfalten können.
- Der kindliche Wille bedarf in den meisten Fällen einer Umbiegung oder einer Lenkung auf sinnvolle Bereiche und Tätigkeiten.
- Gegengewalt darf sich dabei nur in der Form des entgegentretenden „Nein" der Erwachsenen äußern. Das „Nein" muß am Objekt demonstriert werden (Verkehrsampeln). Das Kind soll dabei möglichst in den Prozeß des Bewußtmachens einbezogen werden.
- Wenn dem Kind in bestimmten Fällen mit einem begründeten „Nein" entgegengetreten werden muß, dann ist es aber auch notwendig, in anderen Fällen ein begründetes „Ja" zu sagen, damit das Kind erkennen kann, in welche Richtung es seinen Willen entfalten darf. Es kann dann etwa heißen: „Dies darfst du nicht, aber dies hier darfst du ...!"

● Dabei muß das Kind zur Offenheit ermutigt werden. Viele Kinder verstellen sich aus Angst vor der Strafe, wenn sie ihre wahre Gesinnung und ihre wirklichen Beweggründe zeigen würden. (→Seite 197.)

● Wer Kinder zur Unterwürfigkeit zwingt, entwickelt in ihnen die Lust zum Betrügen und Heucheln, aber auch zur Lust am Quälen und Gequältwerden. (→Seite 120; 186.)

IV. Die Entwicklung zwischen zwei und fünf

1. Das Fragealter

Bisher diente die Sprache der Nachahmung und der Wiedergabe des Erlebten und der Erfahrung. Jetzt, im vierten Lebensjahr, überschüttet das Kind den Erwachsenen mit Warumfragen. Dies zeigt uns, daß das Kind denkt. Es handelt sich dabei nicht nur um Verarbeitung des Erlebten und um ein Nachsinnen, sondern um ein Denken, das den Dingen auf den Grund kommen will. Die Erforschung ursächlicher Zusammenhänge zeigt den Weg der weiteren Lebenseroberung an, der nunmehr beschritten wird.

2. Spielen und Lernen

Kinder müssen das Spielen lernen. Und sie müssen es rechtzeitig lernen. Schon im Verlauf des ersten Lebensjahres gewinnt das Kind Freude (Funktionslust) am „Hantieren“, d.h. am Umgang mit geeigneten Gegenständen. Zur Funktionslust kommt später die Freude am Erfolg und schließlich die Freude am Wettstreit, am Messen der Kräfte und Ideen mit anderen (z.B. Wettbewerb im Gestalten oder beim Sportspiel).

Kinder müssen das Spielen unbedingt erlernen, um später intensive und konzentrierte Lernarbeit leisten zu können. Ist das Bedürfnis nach Aktivität verbunden mit Lustgewinn nicht geweckt und ausgebildet, so kommt es zu Motivationsschwierigkeiten. Das Kind kann nur ungenügend Energie in Bewegung umsetzen. Es ist sozusagen keine Antriebskraft vorhanden, um erfolgreich lernen zu können. Das lustlose Lernen aber bringt nichts ein.
Kinder müssen bereits in der Kleinkindperiode spielen, um sich „spielend" mit der Umwelt auseinanderzusetzen. Beim Spielen wird der ganze Organismus des Kindes auf die spätere Lerntätigkeit vorbereitet. Dabei ist zu beachten, daß das Kind die Verhaltensmuster beim Spielen möglichst oft wechselt bzw. durchbricht, um auch später dann eine größere Variationsbreite an Verhaltensweisen zur Verfügung zu haben. Es ist dann weniger festgelegt und für Veränderungen offen.
Anregung und Entfaltung der Phantasie geschieht durch die *Nachahmungsspiele*, in denen das Kind selbst eine Rolle übernimmt (z.B. die Rolle des Vaters oder der Mutter, des Kaufmanns oder des Bahnbeamten usw.).
Noch stärker aber wird die Phantasie betätigt und entfaltet beim *Konstruktionsspiel*, d.h. beim Bauen, Basteln, Malen, Musizieren u.a. Hier werden nicht nur die unbewußten Regungen aus den Tiefenschichten der kindlichen Seele sichtbar, sondern hier geschieht bereits Willensbildung und Charakterentfaltung durch die Überwindung von Schwierigkeiten, durch Geduld- und Ausdauererprobung.

3. Spielendes Lernen in der Vorschule

Der Übergang vom Spielen zum Lernen vollzieht sich heute bereits im Alter von vier bis fünf Jahren. Natürlich wird auch später noch gespielt, aber nun werden die Kinder im Vorschulbereich durch spielendes Lernen für den Lernprozeß in der Schule aufgeschlossen und vorbereitet. Sie werden

dort bereits zum selbständigen Denken und Arbeiten erzogen, indem man sie durch mathematische Arbeitsmethoden und Sprachspiele befähigt, Zusammenhänge zu erfassen und Differenzierungen vorzunehmen.
Es gilt als erwiesen, daß Intelligenz und Begabung durch frühe Lernerfahrung stark beeinflußt werden. Es wird den Kindern das konzentrierte und zielstrebige Lernen und Arbeiten später weniger schwerfallen. Dadurch bleiben sie von Schulnöten und zum Teil auch von Pubertätsschwierigkeiten verschont. (→Seite 79.)

4. Gewissen und Gewissensbildung

Gewissen ist eine Grundfähigkeit, die dazu bestimmt ist, Sinn und Ziel des Lebens zu erkennen und Gut und Böse unterscheiden zu können. Es handelt sich dabei um eine Anlage, nicht um einen Instinkt.
Diese Grundfähigkeit bietet freilich noch keine Maßstäbe von Moral und Unmoral. Sie ist noch nicht individuell entwickelt.
In den ersten Jahren der Kindheit entwickelt sich das Gewissen langsam, aber nachhaltig im Umgang mit den Eltern und Geschwistern, durch bewußte Erziehung und in der Auseinandersetzung mit der Umwelt.
Mit dem Abschluß der Pubertät (Reifezeit) ist auch die Gewissensbildung so gut wie abgeschlossen. Das Gewissen hat nun seine individuelle Prägung bekommen. Allerdings kann es sich den ständig auf es einstürmenden Eindrücken von außen nicht entziehen. Das Gewissen kann sich ändern, und es kann auch systematisch verändert werden. Deshalb braucht es die Einstellung auf den absoluten Richtpunkt: Gott. Wir greifen dabei auf den Vergleich mit dem Kompaß zurück. (→Seite 69.)
Gewissenserziehung muß diese Einstellung zum Ziel haben, damit das Gewissen von Einsicht und Verantwortung ge-

steuert wird. Sie muß das Kind aber auch befähigen, eigenständige, verantwortungsbewußte, moralische Entscheidungen zu treffen.

5. Glaube und Glaubenserziehung im Kleinkindalter

Schon in den ersten Monaten werden die Grundlagen für den Glauben und die Glaubenserziehung gelegt. Das Kind gewinnt diese Grundlagen durch Erfahrungen.

Solche Grunderfahrungen sind:

1. das Erlebnis der familiären Lebensbezogenheit auf Gott,
2. die Erfahrung des Vertrauens in das Leben, in die Umwelt und zum Unsichtbaren (Urvertrauen),
3. das Erleben und Erfahren der Liebe als Zuwendung,
4. das Erlebnis der Geborgenheit in der Familie,
5. das Erkennen und Erfassen des Sich-geschenkt-Seins.

Diese Erfahrungen macht das Kind zunächst mit seinen Eltern. Alles, was das Kind mit und an seinen Eltern erlebt, setzt es in religiöse Grunderfahrung um.

Es übernimmt die Formen und Inhalte ihres Glaubens, ohne darüber nachzudenken. Das kritische Reflektieren kommt erst viel später in der Vorpubertät und besonders während der Reifezeit in Gang. (→Seite 42.)

Die Eltern sind nicht nur die Bezugspersonen, an denen das Kind seine Erfahrungen machen kann, sondern sie stehen gleichsam Modell für das Gottesbild. Das Gottesbild wird also von den ersten Erfahrungen mit Vater und Mutter maßgeblich beeinflußt und geprägt. Dies hat weittragende Folgen, die sich in der weiteren religiösen Entwicklung und Reifung entweder positiv oder auch verheerend negativ auswirken können.

Zunächst sind die Eltern dem Kind näher als Gott. Wenn das Kind etwas nicht begreifen oder voll erfassen kann, greift es auf die erlebten Vorlagen zurück.

Andererseits idealisiert das Kind seine Eltern durch Projektion. Sie werden „überhöht“ und bekommen göttliche Eigenschaften zugesprochen. (→Seite 89—95.)

Die Religiosität des Kleinkindes — und auch des Schulkindes — ist ich-zentriert und entspricht dem engen Gesichtskreis. Dadurch gibt es für das Kind auch keinen „fernen“ Gott. Gott gehört zu seiner kleinen Wirklichkeit wie die Pflanzen, Tiere und die Menschen.

Das Kind hat ein magisches Verständnis und ein magisches Verhältnis zu allem, was es umgibt. Auch Gott und die himmlischen Bereiche gehören dazu. Das Kind versucht, seine Umgebung magisch zu beeinflussen. Die Magie ist sozusagen sein Instrument, mit dem es sich mit seiner Umwelt auseinandersetzt und sie beherrscht. Auf diese Weise versucht es auch, sich Gottes zu bemächtigen.

Wenn der kleine Heiko z.B. mit Gott spricht, mutet er ihm eine Zauberei zu. Er sagt: „Wenn du mir die Fünf im Diktatheft verschwinden läßt, will ich immer ganz brav sein!“

Statt dieses magische Verständnis und das entsprechende Verhalten zu überwinden, wird es von den Eltern oft genug gefördert. Dann nämlich, wenn sie selbst ihrerseits Gott zum moralischen Aufpasser und zum Erziehungsgehilfen stempeln, der wie ein Polizist böse Kinder bestraft oder die elterliche Autorität zauberhaft bestätigen soll. Dann heißt es: „Siehst du, das ist Gottes Strafe ...“, wenn das Kind hingefallen ist und sich verletzt hat.

Bei Nichtablösung des kindlichen Glaubens vom magischen Denken und Verstehen tritt unter Umständen eine Phasenerstarrung ein. Der Glaube des Kindes verkümmert schließlich und wird dann während der Reifezeit ganz verdrängt. Große Schwierigkeiten entstehen auch dann, wenn das Kind verspätet aus seiner magischen Phase heraustritt und als jugendlicher „Spätentwickler“ möglichst rasch beweisen will, daß er es geschafft hat und zum Beweis dafür sich als Materialist gegen Glaube und Geist wendet. Eltern und Religionslehrer erfahren es zudem immer wieder, daß Heranwachsende den reifen Glauben Erwachsener von ihren früheren magischen Vorstellungen her beurteilen und verwerfen. (→ Seite 49.)

V. Vom Kleinkind zum Schulkind

1. Äußere Merkmale

Ungefähr mit sechs Jahren setzt der erste Gestaltwandel ein (vgl. Tabelle I, Seite 15). Die Gestalt des Kindes ändert sich. Zuvor hatte es die harmonische Form des Kleinkindes. Nun verändert sich das Verhältnis der einzelnen Körperpartien zueinander. Das Kind wird schmaler und verliert seine rundlichen Formen. Die Extremitäten (Arme und Beine) wachsen beschleunigt, der Rumpf scheint dabei zurückzubleiben (vgl. den Gestaltwandel in der Pubertät, Seite 15). Es ändert sich der Gesichtsausdruck des Kindes sehr deutlich. Man kann daran feststellen, daß die Kinder kritischer wurden. Sie distanzieren sich jetzt von ihrem Gegenüber deutlich und prüfen genau, was man ihnen sagt. Nach etwa einem halben Jahr ist dieser Gestaltwandel beendet. Die Schulkindform zeigt wieder ein harmonisches Bild.

2. Weitere Veränderungen

1. Das Kind findet nun rasch Kontakt innerhalb der neuen Gruppe (Schule).
2. Es wird für Fremdeindrücke und Einflüsse zugänglicher.
3. Der Drang, in andere Lebensbereiche vorzustoßen, wird immer intensiver.
4. Langsam tritt auch die magische Denkweise und das magische Weltbild zurück. Das Kind befand sich zuvor in einer „mystischen" Einheit mit seiner Welt. (→Seite 32.)

Ganzheitliches Wahrnehmen und analytisches Denken, die schon in der Vorschule geübt und vorbereitet wurden, werden jetzt praktiziert.

5. Im Zuge der Öffnung zur Umwelt findet auch eine starke Anpassung statt. Man beobachte einmal die Erst- und Zweitkläßler oder verfolge ein Gespräch über Fußball aufmerksam. Die Kinder sprechen ähnlich wie die Erwachsenen.

VI. Die Zeit vor der Pubertät

Das verfrühte Einsetzen der Pubertät und die damit verbundene Phasenverschiebung macht es schwer, zwischen einer Phase der Latenz und der eigentlichen Vorpubertät genau zu unterscheiden. (→ Seite 35.)

Unter der Latenzperiode versteht man die Zeit, in der beim Kind noch alles ruht. Die Triebkräfte erreichen das Bewußtsein kaum, und der Widerstreit zwischen Wille und Trieb hat noch nicht eingesetzt. Das Kind ist harmonisch und unproblematisch, leicht zu begeistern, voller Tatendrang und Lebensbejahung.

Gegen Ende dieser Latenzperiode — in der Phase der Vorpubertät — verstärkt sich die Aktivität. Jetzt zeigen die Kinder größte Aufgeschlossenheit dem Lernen bzw. dem Wissen gegenüber. Die „Umwelteroberung" gewinnt neue Dimensionen. Mut, Wahrheitsliebe, Bewunderungsvermögen und Gerechtigkeitsempfinden sind stark ausgebildet. Die Erlebnisfähigkeit ist groß, und das Verlangen nach Steigerung der Erlebnisse kann kaum mehr befriedigt werden.

Diese Phase kurz vor Beginn der Pubertät, die auch Robinson- oder Indianerphase genannt wird, bietet natürlich die Möglichkeiten für den Aufbau einer Gruppe und die Gestaltung des Gruppenlebens. Auch im Bereich des Glaubens und der Glaubenserziehung fallen hier wichtige Vorentscheidungen. Zwar können Versäumnisse der frühen Kindheit nicht mehr voll nachgeholt werden, aber es werden die Grunderfahrungen bestätigt und verstärkt. Jetzt kommt es auf die rechte Weichenstellung an. Die Bezugspersonen im Bereich der Jugendgruppe und in der Schule haben große Möglichkeiten und zugleich eine hohe Verantwortung. (→Seite 174.)

In der Zeit vor der Pubertät sind die Kinder zwar außerordentlich lernfähig und leicht zu motivieren, sie dürfen aber trotzdem weder körperlich noch seelisch-geistig überfordert werden. Gerade für die Jugendarbeit gilt es: Man muß Erlebnisse dosiert geben. Gemeinsame Unternehmungen mit der Gruppe sollen zwar Höhepunkte haben. Doch die rechtzeitige Unterbrechung bzw. das Abbrechen auf dem Höhepunkt ist ebenso notwendig und ratsam. Es kommt vor allem auf das Verarbeiten der Erlebnisse und Erfahrungen an! Das Existenzverständnis auf dieser Stufe entspricht der des Erwachsenen. Ähnlich verhält es sich auch mit dem Glauben. Die typischen Vorgänge der Identifikation und der Imitation, also der Angleichung und der Nachahmung, beziehen sich auf das imponierende Verhalten Gleichaltriger und Älterer.

VII. Die Reifezeit zwischen zehn und achtzehn

Die Pubertät (Reifezeit) beginnt heute etwa zwei Jahre früher als vor dreißig Jahren. Bei Mädchen beginnt diese Phase etwa im Alter von zehn Jahren, bei Jungen mit elf oder zwölf Jahren. (→ Seite 15.)

1. Die erste puberale Phase

Man unterscheidet zwei Phasen der Pubertät: Eine erste Phase, die mit dem zweiten Gestaltwandel beginnt, und eine zweite der Reharmonisierung.

a) Kennzeichen der ersten Phase

Folgende Merkmale sind durch hormonelle Veränderungen bedingt:

- Die erste Phase ist äußerlich dadurch gekennzeichnet, daß sich die relativ harmonischen Formen des Jugendlichen auflösen und eine Disharmonisierung der Gestalt eintritt. Wir können zeitlich die Mitte der Pubertät dann feststellen, wenn die Disharmonisierung den höchsten Punkt erreicht hat. Der Höhepunkt der Disharmonisierung trennt die beiden Phasen der Pubertät.
- Mit dem Beginn der ersten puberalen Phase steigert sich das Längenwachstum, das oft in Schüben verläuft. Ein solcher Schub „bringt“ oft eine Längenzunahme bis zu zehn Zentimetern.
- Die Diskrepanz der Proportionen nimmt dabei ständig zu.
- Die terminale Behaarung (Achselhöhlen, Genitalbereich) tritt nun ein.
- Bei Mädchen setzt die Regelblutung ein, beim Jungen die Samenproduktion.
- Bei Jungen kommt es nun zum Wachstum der Genitalien und des Kehlkopfes sowie der Brustwarzen. Bei Mädchen entwickeln sich der Genitalbereich und die Brust.
- Die Bewegungen des Pubertierenden sind unharmonisch, karikaturenhaft, stelzig und ruckartig.
- Weitere Kennzeichen dieser Phase des Umbruchs sind: mangelnde Beherrschung der Gefühle (plötzliches Schreien), Unfähigkeit der Mimenkontrolle, häufige Gefühlsschwankungen u.a.
- Gerade dadurch aber fühlt sich der Jugendliche verunsichert. Er wirkt gehemmt, verschlossen und zugleich fahrig und lässig.
- Es verlangsamt sich das Wachstum der inneren Organe (Kreislauf, Atmungsorgane u.a.). Zugleich steigert sich die vegetative Labilität. Dies äußert sich in Erregbarkeit,

schnellem Ermüden und in regelrechten Erschöpfungszuständen.

Zusammenfassung:

Der Begriff der Pubertät bezeichnet die körperliche und psychosoziale Reifekrise des Jugendlichen zwischen zehn und achtzehn, deren Höhepunkt in der ersten Phase liegt. Diese erste puberale Phase ist im besonderen eine Zeit der Auflösung und Umwandlung in allen Bereichen. Die festgefügte Form der Vorpubertät wird in einem stürmischen Prozeß aufgelöst. Die äußere Disharmonisierung entspricht einer Disharmonisierung auf allen Gebieten. (→Seite 39.)

b) Wie kommt es zur Pubertät?

Wie kommt es überhaupt zur Pubertät? Wo liegen die Gründe? Welche Faktoren sprechen mit?
Der Jugendliche erlebt in sich den Widerstreit zwischen folgenden Prinzipien:
dem Prinzip des individuellen, personhaften Lebens — und dem Prinzip des unpersönlichen, gattungshaften Lebens (die Kräfte der Arterhaltung und Fortpflanzung).
Nach den Jahren der individuellen personhaften Entwicklung brechen in der Reifezeit plötzlich gattungshafte Ansprüche in die Welt des Jugendlichen ein und lösen Konflikte unter den Kräftegruppen aus.
Der Mensch als nicht auswechselbare Person, mit der Fähigkeit der Entscheidung zur Freiheit, ist zugleich Gattungswesen, das sich von anderen nicht unterscheidet. Die Kräfte der Arterhaltung sind gegen die Individualität gerichtet.
Bisher hatten die Triebe des Kindes ganz andere Zielrichtungen und Aufgaben. Sie standen im Dienst der Selbsterhaltung. Jetzt aber drängen die Kräfte der Arterhaltung ins Bewußtsein. Der Jugendliche steht dem Sexualtrieb und den

Triebkräften der Aggression hilflos gegenüber. Zudem muß er allein mit seinen Konflikten fertig werden.
Er hat aber die große Chance, sein Menschsein zu erobern, wenn er helfende Faktoren findet, die seine widerstrebenden Kräfte harmonisieren helfen. Von entscheidender Bedeutung ist dabei der Übertritt in den Bereich des personalen Glaubens (Bekehrung) und die Erschließung des Kraftpotentials aus dem Bereich Jesu. (→Seite 53.)

c) Schwerpunkte der Konflikte in der Pubertät

Die somatisch-psycho-soziale Reifekrise hat sozusagen zwei Brennpunkte: Es entstehen dem Heranwachsenden in der Hauptsache Probleme und Schwierigkeiten im Bereich der Auseinandersetzung mit sich selbst — und mit der Umwelt.

Ich ←——→	*Umwelt*
Widerstreit der beiden Lebensprinzipien, Gespaltensein	Absetzung vom Elternhaus, Protest gegen die Welt der Erwachsenen

Das personale Selbstbewußtsein bildet sich gerade im Zusammenstoßen von Individualität und den Gattungsansprüchen der Sexualität. Noch in der Vorpubertätszeit umschloß das Ich die innere Welt und drückte das Selbstsein aus. Nun aber kommt es eben in dieser Auseinandersetzung zur Herausbildung des Selbstbewußtseins und damit zur Fähigkeit des Distanzierens von sich selbst, zum Überblick über die eigene Person und die Innenwelt. (→Seite 56—58.)
Zunächst schafft diese Auseinandersetzung große Probleme, weil der Jugendliche selbst zwiespältig ist. Sein Ich ist erst in der Reifung begriffen. Dieses schwache Ich versucht nun, den Anspruch der Triebkräfte, die ja auch ein Teil seiner Person sind, abzuwehren, weil es mit den Forderungen des

Über-Ich und der Umwelt in Konflikte gerät. In diesem chaotischen Zustand fürchtet es um sein Ich und sucht dauernd seine Identität. Was bin ich? Gehören die drängenden Kräfte aus dem Es zu mir? Soll ich mich mit ihnen identifizieren? Bin ich das? Oder darf ich nur das sein, was Über-Ich, das Gewissen und was die Gesellschaft fordern? (→Seite 60.)

Der junge Mensch in dieser Phase ist völlig unsicher. Er kann selbst nicht sagen, was er ist, er kann sich nur negativ abgrenzen, d.h. er versucht zu sagen, was er nicht ist. Diese negative Abgrenzung wird zur intensiven Beschäftigung. Sie äußert sich als radikaler Protest gegen alles, was bisher war (Kindheit, zärtliche Elternliebe, familiäre Geborgenheit, eigene heroische Phase, Jungscharzeit, Bindungen aus dieser Zeit, Glaube, positive Werte, Gesellschaftsordnung usw.). Deshalb sprechen wir von dieser Periode als von der Zeit der Abwendung.

Besonders stark ausgeprägt ist die Abwendung als

1. Ablehnung der Kinderwelt
2. Protest gegen die Welt der Erwachsenen.

Darum lassen sich Jugendliche in der ersten Pubertätsphase auch nicht mehr in der bisherigen Weise ansprechen. Sie können nicht mit Jüngeren zusammen in Gruppen geführt werden. Ebenso meiden sie jetzt die Personen, die sie ehemals verehrten (Jugendleiter, Lehrer, Freunde, Eltern usw.). (→ Seite 42—43.)

Warum wendet sich der Jugendliche von allem ab?

Zu 1.: Diese ehemalige heile Welt entspricht nicht mehr seinem psychischen Zustand der Zerrissenheit und der Bewegung (alles fließt!). Die früher erprobten Verhaltensweisen entsprechen nicht. Die Möglichkeiten reichen nicht mehr in die neue Situation hinein. Sie kommen aus einer „statischen Welt“. Allerdings kehrt der Jugendliche bei Schwierigkeiten der Anpassung an die äußeren Verhältnisse (Erwachsenenwelt, Schule, Lehrlingsausbildung) wieder zurück in die

Kindheitsphasen, ohne allerdings durch solche Träume wirkliche Hilfe zu erfahren. (→ Seite 122.) Kommt aus diesen Regressionen in die Vergangenheit überhaupt keine Hilfe, dann ist die Ablehnung der Umwelt um so stärker. Die erste Phase der Pubertät ist deshalb oft von einem Hin- und Herpendeln gekennzeichnet. (→ Seite 55—56.)

Zu 2.: Der Jugendliche will zwar die Welt der Erwachsenen, aber er will sie nicht so, wie sie ist. Er will sie verändern. Warum aber steigt er nicht einfach in die Gesellschaft — so wie sie ist — ein? Die Welt der Erwachsenen ist für ihn zu kompliziert, zu sehr hochgezüchtet, zu sehr verwaltet und von der Leistung her geprägt.
Er selbst kann das sogenannte Realitätsprinzip und damit die Welt der Erwachsenen nicht bejahen. Das Lustprinzip (die Kräfte des Es: unbewußte Triebkräfte der Gattung, Instinkte und Impulse) verlangt sein Recht und möchte sich dem Realitätsprinzip entziehen. (→ Seite 65—69.)
Gerade jetzt steigern sich die Schulnöte. Es gibt kaum einen Jugendlichen, der nicht spätestens beim Übergang in die Oberstufe in Schwierigkeiten kommt. Angst vor der Zukunft und Unsicherheit im Blick auf die Berufswahl motivieren den Schrei nach Revolution. Das Gegenteil ist Resignation. Beide Verhaltensweisen wechseln ab. Der Umschlag kann plötzlich erfolgen. Im Augenblick ist die Neigung zur Resignation stärker. (→ Seite 202—206.)

Wer bin ich ? Was will ich? — Was ist meine Welt?

Darauf antwortet der Jugendliche zunächst rein äußerlich. Er will durch Kleidung, Haartracht, Gang und Gestik zeigen, daß er anders ist: kein Kind mehr, kein Erwachsener wie die vielen Zeitgenossen, kein Etablierter, kein Streber. Zugleich will er doch wieder als Erwachsener respektiert werden. Er will ihnen überlegen sein.
Dies gerade zeigt sich im Protesthaarschnitt und in der Protestkleidung (betont lässig, ungepflegt).

Man muß bedenken: Erst vom Protest her kann sich der Jugendliche selbst konstituieren.

Ein weiterer problematischer Faktor: Gespaltenheit

Bei all diesen Beobachtungen dürfen wir nicht übersehen, daß diese Phase in jeder Weise zwiespältig verläuft. Der Jugendliche ist in sich gespalten. Gerade weil er der Welt der Erwachsenen noch nicht gewachsen ist, meidet er Kompromisse, geht er gegen die verlogene Moral an, verdammt er Lösungen, die er als Scheinlösungen bezeichnet usw.
Er kann für einige Zeit Gandhi verteidigen, ihn dann aber wieder als „Idiot“ verwerfen. Er kann von Jesus schwärmen (Bergpredigt) und ihn wieder links liegen lassen. Beliebte Bezugspersonen sind Che, Mao, Lenin, die die Jugendlichen den Bürgern zum Erschrecken vorhalten, die sie aber z.T. auch ehrlich bejahen. Dann verwerfen sie diese wieder, um irgendeinen „Boß“, der Geld macht, anzustarren.
Die Zwiespältigkeit bezieht sich auch auf das Kontaktstreben. Zunächst ist der junge Mensch verlegen, denn die bisherigen kindhaften Beziehungen zum gegengeschlechtlichen Partner sind unmöglich geworden. Neue Formen des Kontakts sind aber noch nicht gefunden oder ausgebildet worden.
Dazu drängt die Sexualität. Erotische Formen sind noch nicht möglich oder werden von Vorbildern her erst versucht. Die Triebwelt ist in dieser Phase überlegen, das Ich schwach. Ichaufwertung wechselt mit Ichabwertung. „Kain tötet Abel.“ Dennoch zeigt sich gerade bei den Kontaktversuchen, daß der Jugendliche versucht, ein verantwortungsbewußter Mensch zu werden, der die Triebansprüche einordnet bzw. unterordnet. (→ Seite 75—78.)
Die erste Phase ist vor allem durch den ausgeprägten Generationskonflikt gekennzeichnet. Dort spielt sich sozusagen im ersten Gang alles ab, was in weiteren Perioden ausgekämpft und errungen wird.
Und dennoch braucht gerade der Jugendliche in dieser Phase den Vater als Partner, der ihn zu verstehen versucht,

ihn unauffällig begleitet, ihm vergibt und ihn ermutigt. Das Mädchen braucht die Mutter. Beide Geschlechter brauchen freilich auch gerade in dieser Zeit die helfende Hand des Freundes oder der Freundin, die ein paar Schritte voraus sind, sowie die Gruppe als bergende Gemeinschaft.* (→ Seite 52; 206.)

d) Hinweise für die Gruppenarbeit

In der ersten Phase, die zugleich auch antisoziale Phase genannt wird, kommt es plötzlich zu einem starken Längenwachstum. Es wurde festgestellt, daß die Ablehnung der Umwelt gegenüber nun am stärksten in Erscheinung tritt. Jetzt setzt sich der Jugendliche auch von seiner Gruppe ab. Die bisherigen Bindungen lockern sich und hören schließlich auf. An gemeinsamen Unternehmungen und kooperativem Arbeiten hat der Pubertierende kein Interesse mehr. Er bleibt weg oder kommt, wann er will. Er kritisiert und stört das Gruppenleben in jeder Weise. (→ Seite 82.)
Eine zeitweilige Distanz ist nützlich. Doch sollte kein ehemaliges Gruppenmitglied „entlassen“ werden. Man muß Formen des Kontaktes finden, die diesem Krisenzustand entsprechen, z.B. persönliche spontane Kontakte, spezielle Einladungen zu besonderen Veranstaltungen usw.
Nach dem Überschreiten des Höhepunktes der antisozialen Phase muß der Kontakt wieder intensiver werden. Veränderte Gruppenarbeit kann den Wechsel zur sozialen Phase erleichtern und ein neues Engagement innerhalb der Gruppe vorbereiten.
Ebenso ist der Übergang aus der skeptischen ersten Phase der Pubertät vorzubereiten. Der Jugendliche setzt sich innerhalb der ersten „negativen“ Phase auch von dem Kinderglauben ab, den er — wenn nicht bereits persönliche Erfah-

* Vgl. Walter Wanner, „Jugend aktiv“, S.21—30; Brunnen-Verlag, Gießen.

rungen vorliegen — von den Erwachsenen übernommen hat. Zweifellos muß er kritisch prüfen, was an Wahrheit und Wirklichkeit hinter den Glaubenssätzen und den überlieferten Inhalten der Aussagen Erwachsener steht. Er muß sie selbst erproben. Zunächst lehnt er alles ab, was von Erwachsenen kommt.

Diese negative Haltung geht so weit, daß er — nach außen hin — sogar Atheismus und Unglaube vertritt. Dazu benutzt er wiederum Aussagen und Vorlagen der Erwachsenen. Lehreräußerungen, politische Slogans, Philosophenzitate aus dem Geschichtsunterricht und vor allem „große Worte" aus dem Bereich der Gleichgestimmten (Lehrlingszentrum, Schülerforum) werden gemischt und bedenkenlos verwendet, um zu provozieren.

Wenn dabei noch Lustgewinn (Gefühl der Überlegenheit, Freude über die Niederlage des anderen) zu verzeichnen ist, wird die eigene Aggression vorzüglich auf diese Weise abgebaut.

Der Gruppenleiter kann sich auf endlose Debatten provozierender Art nicht einlassen. Einfaches Vorleben — und zur bestimmten Zeit auch treffende Antworten — wirken Wunder. Insgeheim sehnt sich jeder Pubertierende nach Geborgenheit, Glück und Zielrichtung. Er sucht leidenschaftlich nach der Wahrheit, einer Wahrheit, die ihn trägt und der er sich verschreiben kann. Er verläßt die Welt der Väter, um unmittelbar zu leben. Er will die Selbstverwirklichung (Individuation) und weiß doch zugleich, daß er ohne Hilfe scheitert. Er sucht — wie in keiner Phase seines übrigen Lebens — das Gegenüber, das ihn fordert, ihn zum Wachsen und Reifen zwingt und ihn zugleich erlöst und befreit.

Die kommende zweite Phase bietet deshalb die großen Möglichkeiten zur Glaubensentfaltung, die parallel zur Persönlichkeitsentwicklung verläuft. Nun werden die Werte geprüft und gesucht, eine neue Neigung zum Religiösen, zum Glauben, ein Sich-Öffnen für die Wirklichkeit der Welt des Geistes wird immer stärker.

2. Die zweite Phase der Pubertät

a) Einige äußere Kennzeichen

Die zweite Phase beginnt dann, wenn das Längenwachstum aufhört bzw. sich verlangsamt. Zugleich wächst der Rumpf, und damit setzt die Reharmonisierung ein. Die Behaarung nimmt zu, die Gesichtszüge verfeinern sich.
Beim Jungen treten innerhalb der ersten Phase mädchenhafte Züge hervor, beim Mädchen kommen jetzt in der zweiten Phase jünglingshafte Züge zum Vorschein.

Merkmale bei Jungen

Der Schildknorpel wächst nach vorne; die Stirn-Frontalekken treten zurück; die Behaarung wird dichter. Der Stimmbruch ist nun beendet; die Stimme wirkt männlich. Die Muskulatur kräftigt sich zunehmend. Die Hüftbreite nimmt ab.

Merkmale bei Mädchen

An der Brust verstärkt sich das Drüsengewebe. Es beginnt die Ausformung. Die Rundung der Hüfte nimmt zu und formt sich im weiblichen Sinne. Das Hüftmassiv wird breiter. Die Behaarung wird dichter. Die Ausdrucksbewegungen erhalten ihre spezifische Form der Anmut. Nervöse Labilität verschwindet, die Bewegungen werden ruhiger. Alles strahlt allmählich Ausgeglichenheit und Harmonie aus.

Zusammenfassung

In der zweiten Phase wird deutlich sichtbar:

- Das Längenwachstum hört auf bzw. verlangsamt sich.
- Die Harmonie wird wiederhergestellt.
- Die geschlechtsspezifischen Reifungszeichen vollenden sich.

b) Psychische Vorgänge

Noch immer ist der junge Mensch ohne zusammenfassende Schau auf der Suche nach der wahren Wirklichkeit, nach dem Leben. Doch bereits versucht er, die erkannten und erstrebten Werte in die eigene Welt einzuordnen. Beim Suchen nach neuen Leitbildern entwickelt er einen ungeheuren Schwung im Tun. Diesen Elan, der von Bernanos als die Genialität des Pubertierenden gepriesen wird, ist gepaart mit einer auftrotzenden Tapferkeit und gekennzeichnet durch vorschnelles Urteilen und radikales Verwerfen. Dabei darf nicht übersehen werden, daß auch der Jugendliche in dieser Phase noch andauernden Stimmungsschwankungen unterworfen ist.

Idealvorstellungen und Erfahrungen der Wirklichkeit — auch im eigenen persönlichen Bereich — werden wegen ihres Auseinanderklaffens schmerzvoll erlebt und verarbeitet. Dabei kann es zu Perioden der Resignation und zur Depression kommen. Neue Bezugspunkte und Erlebnisgehalte stimulieren dann wieder und führen zu Begeisterung und neuem Elan.

Der Jugendliche sucht jetzt wieder stärkeren Kontakt. Er kreuzt in der Gruppe auf oder schließt sich anderen Gruppen an.

Hier liegen große Gefahren, denn gerade Überredung und Neugierde verführen den jetzt aufgeschlossenen jungen Menschen zum Mitmachen beim „Kiffen“ oder „Fixen“. Wird Rauschgift oftmals zwar kategorisch von der Vernunft her abgelehnt, so drängen doch einfach die Umstände zum Probieren. Esoterik (Geheimlehren), die Welt des Geistes — und auch die Bereiche des Glaubens — werden jetzt gesucht. Erfahrung ist alles. Wahr ist, was wirkt. (→ Seite 53—54.)

Die Gefahr der Verführung durch verlockende, alternative „Heilslehren“ ist groß.

Neue Aspekte: Erweiterung des Horizonts

Der Jugendliche in dieser Phase ist allem Neuen, auch dem Utopischen gegenüber, aufgeschlossen. Er lehnt es nicht mehr einfach ab. Aber er will die Veränderung der bisherigen Formen der Religiosität erzwingen. Erkenntnis und Wissen (Meditation, Yoga, Gnosisbewegungen) sind Objekte des Abenteuers, das nun in vergeistigter Form gesucht und erstrebt wird. Auch im Bereich des Berufs und der Schule vollzieht sich ein Wandel. Das Gespräch mit den Erwachsenen wird sachlicher, das Urteil ausgewogener. Die Leistung wird zwar immer noch als notwendiges Übel angesehen, aber halbwegs bejaht, weil das Chaotische der eigenen Seele nun abgelöst wird durch die Ordnung, die sich anbahnt. Die Ichschwäche ist überwunden, ein neues ausgewogenes Selbstbewußtsein errungen. Auch den Triebkräften gegenüber ist ein Standort gefunden. Die Beziehungen zum anderen Geschlecht entfalten sich auf der Ebene der sublimierten Sexualität in den Formen des Eros. Das echt partnerschaftliche Verhältnis bahnt sich an und wird erprobt. Ebenso wird zunehmend das partnerschaftliche Verhältnis zwischen dem Jugendlichen und den Erwachsenen möglich. Die neue Basis ist die Begegnung auf partnerschaftlicher Ebene bzw. in partnerschaftlichen Formen.

3. Die Phase der Ausreifung (Adoleszenz)

Die zweite Phase der Pubertät brachte schon Ansätze einer zunehmenden Stabilisierung der Persönlichkeitsstruktur. In der Zeit zwischen dem 17. und 20. Lebensjahr findet die körperliche Reifung ihren Abschluß. Auch in seelisch-geistiger Beziehung reift der junge Erwachsene aus. Selbsterkenntnis und Selbsterfahrung ermöglichen jetzt erste Lebensentwürfe. Aktivität, die bisher oft noch unplanmäßig verlief, wird nun zielstrebig. Die Motivation zum Engagement entspricht der Neigung, sich weiteres Wissen anzueignen, den Lebenshorizont nach jeder Richtung hin auszuweiten und dem Leben einen höheren Sinn zu geben.
Inzwischen ist das „eigene“ Weltbild entworfen worden. Dieses steht freilich meistens noch im Widerspruch zur Ge-

sellschaftsordnung und zur Welt der Werte der Erwachsenen (vgl. Studentenunruhen). Aber die Bereitschaft zur Korrespondenz mit den Erwachsenen ist stärker geworden. Der junge Erwachsene ist auch bereit, Korrekturen an der eigenen Meinung, dem eigenen Standpunkt, hinzunehmen bzw. sie selbst zu vollziehen. Die partnerschaftlichen Kontakte werden intensiver. Die berufliche Welt (Ausbildung, Weiterbildung usw.) nimmt den zweiten Stellenwert ein und füllt den größten Teil der Zeit aus. Leider werden dadurch die Probleme aus dem Bereich des Glaubens oft verdrängt. Eine geistige Weiterentwicklung findet selten statt.

Im Bereich des Glaubens bedeutet dies:

- Die Protestäußerungen sind nur noch selten unreflektiert vorhanden. Extreme Gedanken werden kaum noch vertreten.
- Offenheit für neue Erkenntnisse ist gegeben, wenn keine Fixierung an weltanschauliche Standpunkte vorliegt. Aus festgefahrenen Meinungen gibt es allerdings nur selten eine Rückkehr.
- Der personale Glaubensbezug entspricht der Neigung zum Experimentieren mit der Wirklichkeit. Der Glaube muß erfahrbare Wirklichkeit werden.
- Bekehrungen, die bereits in der Pubertät vollzogen wurden, erfahren jetzt ihre Ausreifung und Vertiefung.
- Sofern Beruf und partnerschaftliche Beziehungen nicht alle Kräfte in Anspruch nehmen, werden jetzt Aufgaben und Übernahme von Verantwortung im Bereich der Gemeinde und Gemeinschaft möglich.
- Einsatz und Tätigkeit in den Bereichen Kirche, Jugendarbeit, Verein, aber auch im übrigen gesellschaftlichen Bereich, müssen in erster Linie als Experimentierpraxis gesehen werden. Der nunmehr erkannte Lebenssinn, die gewonnenen Wertmaßstäbe und Fähigkeiten drängen zur Erprobung und Entfaltung. Erwachsene müssen diesem Tatbestand verständnisvoll und tolerant Rechnung tragen.

VIII. Konflikte im Bereich des Glaubens zwischen zwölf und achtzehn

1. Erste Phase

Der Abschied von der Wunschwelt der Kindheit und die Entwicklung vom Kinderglauben zum reifen Glauben verläuft meistens nicht ungestört.
Der Jugendliche erlebt eine große Enttäuschung, wenn er erkennt, daß die Realität anders ist als sein eigenes Wunschdenken. Dieses Wunschdenken wurde genährt und gefördert durch die Erziehung seitens der Erwachsenen.
Bekanntlich wünschen selbst nichtchristliche Eltern oft eine christliche Erziehung ihrer Kinder, damit diese nicht aus dem gesellschaftlichen Rahmen fallen und später einigermaßen normal funktionieren.
Aber auch im herkömmlichen Elternhaus werden oft genug Inhalte und Ziele vorgegaukelt, die das Leben bestimmen und erfüllen sollen. Und dann erlebt der Jugendliche, daß sich seine Erzieher selbst nicht an diese Inhalte und Ziele halten.
Mit dem Eintritt in die Pubertät wird dem Jugendlichen plötzlich bewußt, daß das Leben völlig anders verläuft. Der Betrug wird offenbar: Die Wirklichkeit ist anders. Der Jugendliche aber kann diese Diskrepanz von Scheinwelt und tatsächlicher Wirklichkeit nicht ertragen und wendet sich von der bisherigen „heilen" Welt der vorgespielten Tatsachen und leider auch vom Glauben ab. (→ Seite 57.)
So lehnt er Gott und jegliches Bekenntnis des Glaubens ab und versucht, sich eine eigene Weltanschauung zusammenzuzimmern, die oft genug wiederum seinem Wunschdenken und seiner Kindersehnsucht entspricht. Aber auch diese „eigene" Welt befriedigt nicht. Fluchtversuche machen nur die unbewußte, aber tiefsitzende Angst offenbar. Die Wunschwelt ist für immer dahin, die rauhe Wirklichkeit bedroht ihn.

Innerlich zerrissen und deshalb unsicher und schwach, richtet der Pubertierende in der ersten Phase seine Aggression gegen das „Schwache" überhaupt. Diese Schwächeren sind meistens die Jüngeren (Geschwister, Klassenkameraden, Lehrlinge) oder auch Lehrer und Gruppenleiter — und die Eltern.
Wer seine Aggression mit Lustgewinn abreagiert, bucht einen Doppeltreffer für sich. Anerkannt werden zunächst die „harten" Lehrer oder Gruppenführer, bis es eines Tages zur Auseinandersetzung mit ihnen kommt. (→ Seite 43.)

a) Verhaltensweisen

- Alles, was mit Glauben und Religion zu tun hat, erfährt diese Geringschätzung, weil es schwach ist. Gleichzeitig aber wird die Kirche als autoritärer Apparat verschrien.
- Der Jugendliche verwirft Werte, ohne prüfen zu können, welche objektive Bedeutung und Qualität sie haben. Er bedient sich dabei der Vorurteile, die er von anderen übernimmt.

Das Vorurteil entsteht beim Jugendlichen in dieser Phase einmal aus dem Protest gegen alles. „Alles ist schlecht." Es ist aber zum anderen auch das Ergebnis der größtenteils unbemerkten Manipulation durch die Umwelt (Zeitgeist).

- Die Loslösung vom Elternhaus und der Kindheit, verbunden mit der allgemeinen Abgrenzung zur Erwachsenenwelt, führt zu einem bewußten Bruch mit der Tradition. Der Jugendliche erkennt keine Kontinuität, d.h. keine Zusammenhänge, lebt sozusagen geschichtslos. Nur was ihn jetzt beschäftigt und interessiert, ist für ihn da. Besonders sichtbar wird dieser Ablösungsprozeß im Bereich des Glaubens. Gerade hier wird alles bisher Gültige (Reste des Kinderglaubens, Wertordnungen, Erfahrungen) verworfen. In der folgenden zweiten Phase der Pubertät wird dagegen alles in Frage gestellt — es ist z.T. im echten Sinne fragwürdig geworden. Der Jugendliche sucht nach der Wahrheit und will eine Antwort.

Jetzt aber, in der ersten Phase, wird überlegen argumentiert: „Die alten Ansichten der Bibel und frühere Aussagen des Christentums können nicht mehr unserer heutigen Situation entsprechen, weil sie vorwissenschaftlichem Denken und Erkennen entspringen. Deshalb sind Glaubensaussagen ohne Wert. Ja, sie sind falsch — und, weil sie die Entwicklung zum Fortschritt hemmen, auch noch schädlich." Was vom Glauben ausgesagt wird, überträgt mancher Jugendliche auch auf die Amtsträger.
Natürlich wissen sie nicht, daß sie damit pseudowissenschaftliche Theorien des Marxismus vertreten. Aber radikale Ideen und Meinungen werden ja gern übernommen.

- Der Jugendliche lehnt vor allem jede Verbindlichkeit ab. Er kann auch deshalb oft nicht mehr als volles Glied einer Gemeinschaft (Gruppe) Verantwortung übernehmen. Er streift alles ab, was ihn hemmt, seine Autonomie zu erreichen. Glaube bedeutet für ihn Bindung und wird negativ als Fessel empfunden. Gerade erst hat er den Konfirmandenunterricht hinter sich gebracht. Manche befinden sich mitten im Unterricht, den man mehr oder weniger als Nötigung empfindet. Die Verpflichtung, am Unterricht in Religionslehre teilnehmen zu müssen (die meisten Eltern wünschen dies), trägt dazu bei, Religion mit Zwang zusammenzubringen.

- Der Jugendliche ist in der Regel noch nicht fähig, zwischen positiven und negativen Kräften und Werten zu unterscheiden. Er will ja selbst erst sein kleines Ich abgrenzen. Er versucht sich dabei nicht nur vom Über-Ich abzusetzen (Über-Ich = Normen, Regeln, Gesetze, Erziehung, Ideal-Ich), sondern sein Ich aufzubauen. Dabei kämpft er sozusagen nach zwei Seiten, denn die Triebkräfte aus dem Unbewußten sind ebenfalls noch nicht identifiziert (erkannt) und eingeordnet. Deshalb ist die Kritik am Bestehenden oft messerscharf und radikal. Allerdings trifft sie unter Umständen genau den neuralgischen Punkt, z.B.: „Kirchgänger sind Heuchler." Damit will der Jugendliche auf den garstigen Graben zwischen Theorie und Praxis der Christen hinweisen.

● Jugendliche in dieser Phase sind noch nicht in der Lage, Selbstkritik zu üben.

Der Jugendliche ist überfordert, wenn wir ihm vorwerfen, er würde selbst nicht dort stehen, wo er vorgibt zu sein, bzw. bei ihm verhielte es sich auch nicht anders, als bei den Erwachsenen hinsichtlich des Zwiespaltes von Glaube und Tat.

Selbstkritik ist erst dann möglich, wenn die Teile des Ich zusammengefügt sind und eine übergeordnete Instanz erkannt wird. In der zweiten Phase der Pubertät gelingt es in zunehmendem Maße, sich zu identifizieren bzw. die Identität mit sich selbst zu finden. Theologisch sprechen wir dann vom Zustand des Friedens, psychologisch von der Ausgeglichenheit. (→ Seite 57—58.)

Zunächst aber kann der Jugendliche nicht erkennen, daß er in dem gleichen Dilemma steckt wie die Erwachsenen. Oft ahnt er die Unlösbarkeit eines Problems, spürt die Begrenzung des Wollens, leidet unter dem Zwang des Sollens — und schreit dann die ganze erdrückende Not aus sich heraus. Dann werden die Glaubenden angegriffen, um sie zur Stellungnahme herauszufordern und in der heimlichen Hoffnung, daß sich vielleicht doch eine Lösung zeigt.

● Es wird eine gespaltene Verhaltensweise erkennbar.

Die Doppelgesichtigkeit des Seelenlebens führt zu verschiedenartigen Ausbrüchen und Äußerungen. Zeitweise plädiert ein Jugendlicher für die Ideen der Weltverbesserung geradezu fanatisch, dann wiederum treibt ihn die Lust am Untergang zu destruktiven Meinungsäußerungen und Handlungsweisen.

● Ein weiteres ausgeprägtes Moment ist die Indifferenz (Gleichgültigkeit) des jungen Menschen der Welt des Glaubens gegenüber. Sie kann verschiedene Ursachen haben.

Vielleicht besteht eine herkömmliche Ablehnung im Elternhaus gegenüber dem Glauben und dem Wertsystem des Christentums bzw. der Kirche.

Aber gerade dann müßten Ansatzpunkte für eine „metanoia" (Umkehr, Sinnesänderung) gegeben sein, denn der Jugendliche stellt sich in der Regel seinem Elternhaus und den dort vertretenen Ansichten entgegen.

● Negativ empfundene Erfahrungen und Erlebnisse in kirchlich gesinnten Elternhäusern oder im autoritär geführten Unterricht (Konfirmandenunterricht, Religionslehre) verhindern eine objektive Wertschätzung. Manchmal ist ein Jugendlicher auch durch persönliche Erfahrungen enttäuscht worden (z.B. nicht erhörte, egozentrische Gebete).

● Die eigene seelisch-körperliche Situation, die hormonellen Einflüsse, denen sich der Jugendliche nicht bewußt wird, die Beanspruchung der Energie für die Auseinandersetzung mit den Triebkräften im unterschwelligen Bereich, bilden wohl die häufigsten Ursachen. Ebenso kann die Auseinandersetzung mit der Umwelt (Anpassungsbemühung) alle Kräfte und Interessen aufbrauchen, so daß dem Jugendlichen nichts übrig bleibt, als bestimmte Gebiete — in diesem Fall den Glauben — auszuklammern. Dabei darf nicht übersehen werden, daß im Zuge der Anpassung Verhaltensmuster der Umwelt (die man zwar ablehnt) übernommen werden. (→ Seite 90—91.)

b) Wie kann Lebenshilfe gegeben werden?

● Wo intakte Gruppen vorhanden sind, sollte alles versucht werden, um die Jugendlichen gerade in dieser Phase zu interessieren und zu beheimaten. Die Gruppe kann in dieser Zeit an erster Stelle Geborgenheit und Sicherheit schenken. Der Reifungsprozeß verläuft dann viel ruhiger, die Harmonisierung geht rascher voran als beim Jugendlichen, der einsam seinen schweren Weg geht.

● Der Jugendliche braucht — entgegen mancher Meinungen, die durch Umfragen zustande kommen — positive Leitbilder, um nicht der Unlust, dem Tagträumen und schließlich der Sucht (Alkohol, Drogen) zu verfallen. Lebende Leitbilder sind dabei wesentlich hilfreicher als „große Vorbilder" der Vergangenheit.

- Das Einführen in Glaubenssysteme (Ideologien) erweist sich in diesem Alter als unzweckmäßig. Hier geschieht alles nur auf der Basis der Erfahrung. In seinem persönlichen Erleiden, seinen Nöten und Schwierigkeiten muß der Jugendliche die tragende Wirklichkeit der Glaubensdimension erfahren. Er muß Christus persönlich erleben und aus diesem Kraftbereich heraus sein Leben meistern und gestalten können. Rationales Erkennen kann freilich auch eine Rolle in diesem inneren Reifungsprozeß spielen, entscheidend aber sind die Erlebnisse auf der emotionalen Ebene (Gemüt, Gefühl, Intuition). (→ Seite 217—220.)
- Seelsorge als ganzheitliche Lebenshilfe umfaßt den gesamten Lebensbereich des jungen Menschen. Persönliche Hilfe von Jesus her kann durch den Helfer (Seelsorger), unter Umständen über eine Lernhilfe (Leistungsschwierigkeiten in der Schule), erfolgen. Das Weiterwachsen im persönlich-glaubensmäßigen Bereich ist erst dann gegeben, wenn eine Vertrauensbasis hergestellt wird und die Auswirkungen des Glaubens erfahrbar sind.
- Die Glaubenserfahrung auf der personalen Ebene betrifft nicht nur die Bereiche von Schuld und Vergebung, Zwang und Befreiung, sondern wirkt sich als Erlösung im weitesten Sinne dieses Wortes aus. Das Über-Ich kann abgebaut werden, wenn dafür Christus als die umfassende Wirklichkeit angenommen wird (vgl. Römer 7 und 8). Der Jugendliche erlebt den Reifungsprozeß zugleich als Revolution des Bewußtseins. Das Erlebnis der Erlösung bewirkt dazu eine Durchdringung auch der unbewußten Bereiche.

Der Seelsorger als Helfer und Freund des Jugendlichen kann hier begleitend klären, bewußtmachen und führen. (→ Seite 215—216.)

2. Zweite Phase

In der zweiten Phase der Reifezeit bahnt sich langsam, aber zunehmend eine Veränderung im Verhältnis zum Glauben an. Jetzt werden die Vorurteile als solche erkannt und korrigiert. Verabsolutierte Meinungen und Überzeugungen werden zwar immer noch vertreten, aber die Forderung nach einer toleranten Haltung kann jetzt aufgenommen und teilweise auch vollzogen werden. (→ Seite 46.)

Nun bauen viele Jugendliche sich auch ihr eigenes Weltbild, um von einem Standort aus argumentieren zu können und um aus der Verunsicherung herauszukommen. Der Jugendliche will nun teilhaben an den Wertvorstellungen der Erwachsenen, die er zwar noch kritisch prüft, heimlich aber doch übernimmt. Man sieht das an der Tatsache, daß Jugendliche wieder zuhören können und bereit sind, mitzudenken.

Allerdings: Für die etablierte Kirche ist der Jugendliche meistens nach wie vor verschlossen.

Die Lehrsätze (Dogmen) der Religion interessieren weniger, das Kultische bleibt ihm fremd. Sein Leibgefühl wehrt sich gegen die Vergeistigung der Libido. Kirche interessiert dann, wenn Diskussionsmöglichkeiten geboten werden, bei denen er seine eben gewonnenen Erkenntnisse und seinen Standort darstellen bzw. artikulieren kann. (→ Seite 58.)

Große Faszination üben die Lehren und Praktiken der Bewußtseinsänderung aus. Alles, was sichtbaren Erfolg verspricht, wird versucht (Yoga, Meditation). Hier wird die Gefahr des Abgleitens in utopische Surrogate (Ersatzreligionen) oder in Quasireligionen (Nationalismus, Idealismus) sichtbar. Das Relative wird verabsolutiert — das Absolute (Gott) relativiert.

Ansatzpunkte für die Kommunikation mit Jugendlichen

● Die Veränderung des einzelnen und der Gesellschaft kann vom Evangelium her glaubwürdig dargestellt werden. „Metanoia“ (Bewußtseinsänderung und Veränderung des

Unbewußten) ist eine spezifische Forderung der Bibel, deren Auswirkungen an mir selbst erfahren werden können (vgl. Joh. 3).

● Befreiung als schöpferischer Akt wird in den Schriften des Neuen Testamentes (besonders im Galaterbrief) ausführlich dargestellt. Dem Jugendlichen muß gezeigt werden, daß es sich hier nicht um Theorien handelt, sondern um Wirklichkeitsberichte, die ein Kraftfeld erschließen, das jeder erfahren kann.

● Der Jugendliche kann nun wieder Aufgaben übernehmen, die es ihm ermöglichen, seine neu gewonnene Freiheit und seine Reife zu experimentieren und zu entfalten. Er kann jetzt helfen, Räume für das Entfalten der Freiheit in Jesus Christus bei anderen zu schaffen. So nimmt er Anteil am Reifungsprozeß anderer junger Menschen und kommt aus der Ich-Drehung heraus, um an einem übergeordneten Wachstumsprozeß (Gruppe-Gemeinde) beteiligt zu sein. (→ Seite 10; 215; 216.)

IX. Selbstzeugnisse über die Pubertät

Ein dreizehnjähriges Mädchen schreibt:

3. Juni: Warum sind die Menschen so anders und ich anders als die anderen?
Ich bin allein traurig — wer trauert mit mir?
Braucht ein Mensch Glück? Ich bin sehr unglücklich.
Gibt es einen Menschen, der mit mir fühlt? Ich finde keinen.
Ach, warum bin ich so häßlich? Alles liebt — nur ich bin allein? Und häßlich bin ich, sehr sogar.
8. Juni: Endlich glücklich!
23. Juni: Ach, wenn doch der Tod käme; ich leide unsagbar!

Eine Vierzehnjährige schreibt:

Ich habe keinen Menschen, keinen Gott,
Um mich einmal an ihn zu wenden,
Wenn ich bin in Not.
Bin immer nur allein,
Und keiner kommt mit zarten, lieben Händen,
Um meine Qual zu lösen,
Abzuwenden von vielem, ach, so vielem Bösen!

Brief eines Vierzehnjährigen:

Lieber W...!
Ich schreibe Dir heute als ein gebrochener Mensch, der nach einem Halt sucht, um nicht ganz zu fallen. Ich weiß, wenn mich noch ein Mensch versteht, dann bist Du es. Ich will Dir in wenigen Zeilen schildern, wie es um mich steht. Ein Schulkamerad hat mich verdorben. Die Versuchung kam an mich heran, und seitdem kann ich sie nicht mehr loswerden, auch nicht, als ich in die Gruppe kam.
In der letzten Zeit sind die Folgen furchtbar: Wenn ich in den Spiegel schaue, schrecke ich zurück. Bleich, schmal, abgezehrt, finster. Ich zittere, wenn ich mein Gesicht sehe. Wenn es aber nur das Äußere wäre! Im Inneren sieht es noch viel grauenhafter aus: Erbitterung gegen alle Menschen, wahnsinnige Verzweiflung, Unlust zum Leben, zu nichts mehr Freude, am liebsten verrecken wie ein Hund aus diesem versch... Leben.
Nur selten kommt ein Erinnern, ein Sehnen nach Gott, nach dem Guten. Wenn ich abends zum Fenster hinausträume, schweifen die Gedanken in die Vergangenheit zurück. Als lachender Bub in den Armen der Mutter, wenn sie erzählte. Ja, damals war ich froh und glücklich und unverdorben. Und heute — verzweifelt, gefesselt, ein Gotteslästerer!
Manchmal kommt wieder Hoffnung auf, wenn ich an die Zukunft denke, wie sie aussehen könnte. Als tüchtiger Arzt könnte ich Menschen helfen. Ein Aufleuchten, eine Art Geborgenheit spüre ich dann. Aber das dauert nicht lange. Die andere Stimme in mir warnt: Du kannst nicht zurück, du bist gefesselt, unheilbar, du kannst dich nicht befreien — und dir kann auch keiner helfen, am besten, du machst Schluß...

Brief eines Fünfzehnjährigen:

Lieber W...!
Ich wollte Dir eine Freude machen mit diesem Brief, aber er wird Dich wenig erfreuen. In mir tobt im Augenblick die Lust der Zerstörung. Alles muß fallen. Und was nicht freiwillig fällt, werden wir stoßen, daß es fällt.
Ich glaube nicht an das Gericht Gottes. Ich bin ein Fatalist: „Du kannst dir nicht entfliehen, du mußt so sein!" Jeder Mensch leidet. Und Christus will nicht das unreflektierte „Ja", das formelhafte „Ja", er will das „Ja", das durch das absichtliche „Nein" hindurchgegangen ist.
Jetzt ist es Nacht, da öffnet sich im Innern etwas. Das Dunkle, Triebhafte steigt herauf. Es will leben, verstehst Du? Es will herrschen, alles besitzen. Das sind die großen Stunden, vor denen ich mich dann doch fürchte. Aber der Alltag ist voller Banalitäten. Es lebe das „Dumpf-Dumpfe!" Alles andere ist Humbug! Auch die Farben sind Täuschung, Irrtum; die ewigen Ideen sind Quatsch! Es lebe das Grau! Alles ist grau — unter mir, über mir, neben mir — in mir — bis man still wird, ganz still. Man ergibt sich, nicht weil man etwas Großes erahnt hat, sondern weil man müde ist. Müde, müde, müde, ich könnte Dir ein Liedlein singen. Ohne jegliche Energie, ohne Leben, Leere. Nichts, alles ist grau in grau. Und doch — man wartet: zum Leben verdammt! Humba-humba täterä ...
Das Leben ist ein Tollhaus. Aber, was auch kommen mag, Meister Proper schafft es bestimmt. Und Dash wäscht weißer noch als Omo.

Verzeihe, Ulli

Pubertät — zweite Phase

Auszug aus einem Brief nach zwei Jahren (17):

... Wir leben nicht für uns, unser Leben ist ein Dienen. Darin liegt der Sinn. Wie demokratisch doch der Führungsstil Jesu ist! Heute habe ich Luk. 24—28 gelesen. Geradezu modern. Wir praktizieren das hier in der Gruppe schon länger und haben Erfolg.
Gestern abend besuchte ich Dieter. Er hat es recht schwer, weil ihn zu Hause niemand versteht. Und seine Freundin hat ebenfalls kein Verständnis für seine Probleme. Sie hört ihm nicht mal richtig zu. Ich habe ihn natürlich eingeladen, wieder zur Gruppe zu kommen und mitzuarbeiten. Die Pläne für diesen Sommer haben ihm zugesagt. Aber ob er kommt?

Übrigens — ich habe ihm das Buch: „Sieghaftes Leben" von Stanley Jones gegeben. Ich hoffe, er liest es. Für mich ist es das wertvollste Buch, weil es mir die Zusammenhänge im Bereich des Glaubens und des Geistes zeigt und mir bei der Selbsterkenntnis hilft. Einige Male habe ich auch in der Gruppe darüber referiert. Die praktischen Anweisungen zum Leben kamen am besten an! Ulli

Brief einer Siebzehnjährigen:

Liebe S...,
es wird wieder einmal Zeit, daß ich Dir schreibe. Vieles liegt mir auf der Seele, von dem ich nicht weiß, was ich machen soll und wie es weitergehen mag. So bin ich froh, es Dir sagen zu können, denn Du wirst mich verstehen.
Eigentlich liegt vieles darin begründet, daß ich mich wieder der Kirche zugewandt habe. Aber ich bin dort noch nicht heimisch geworden. Manchmal habe ich das Gefühl, daß ich wieder genauso gleichgültig all diesen Dingen gegenüber werde, wie ich es früher war. Es ist mir alles unendlich fern gerückt und so gleichgültig geworden. Kommt da wieder der schreckliche Hochmut hoch, daß es genüge, ab und zu zur Kirche zu gehen, gleichgültig, ob man vorbereitet ist oder nicht? Wenn nur das Seelenheil gesichert ist? Weißt Du, das macht mich ganz krank, weil ich das doch nicht will. Ich tue aber nichts, damit es anders wird! Vielleicht, wenn es eine Aufgabe gäbe, eine Sache, für die es sich lohnt, Opfer zu bringen! Ich glaube, ich könnte mich engagieren...
Waltraud S. hat schrecklichen Kummer und war gerade hier bei mir. U.W. hat ihrem Leben ein Ende gemacht. Waltraud war bei der Beerdigung. Es wird schrecklich darüber getratscht. Das einzige, was ich ständig versuche, ist, Waltraud auf den Beinen zu halten.
Heute mittag beim Essen sagte Frau K. zu mir, ich sei in letzter Zeit so bedrückt, ob es davon käme, daß ich niemand hätte. Da habe ich wieder einmal gelacht... Bärbel

Zweites Blickfeld:

Tiefenpsychologie

I. Was leistet die Tiefenpsychologie?

Die Tiefenpsychologie erfaßt mit ihren Forschungsmethoden und ihren Erkenntnissen nicht nur den Bereich des menschlichen Bewußtseins, sondern vor allem die Tiefenschichten der Seele, das sogenannte Unbewußte des Menschen.

Ausgangspunkte für diese Forschung sind die Fragen:

1. Von welchen Erlebnissen und Erfahrungen wird der Mensch geprägt?
2. Von welchen Beweggründen wird er getrieben?
3. Von welchen Triebkräften und Energien wird er erfaßt und gesteuert?

Was also ist der Mensch? Wer ist dieses immer noch unbekannte Wesen, das sich trotz der Feststellungen der Verhaltenspsychologie wohl deuten, aber immer noch nicht eindeutig bestimmen läßt?

Ist das Bewußtsein des Menschen, das Bild, das er von sich selbst hat, ausschlaggebend? Oder ist es sein „zweites Ich", das Unbewußte?

Ist der Mensch in Wirklichkeit gar nicht so frei, wie er glaubt zu sein? Wird er von diesem „zweiten Ich", als dem dunklen Bruder in seiner Tiefe, viel mehr bestimmt und gesteuert, als er ahnt und als ihm lieb ist?

Bericht: Das war ich nicht ...

„Ein ganz verstockter Bursche ist das ... ein notorischer Lügner ... und dazu ein ganz dummer Kerl ..." So ungefähr lautet das Urteil über einen Jugendlichen, der eine Tat bestreitet, die ihm absolut sicher nachgewiesen wird. Roland (15) hat eine Frau überfallen und sie zu erwürgen versucht. Als die Frau sich wehrte und um Hilfe rief, ließ er sie los und stürzte davon. Zu Hilfe eilende Passanten fingen ihn ein und schleppten ihn zum Polizeiposten. Dort stammelt er immer nur: „Nein, lassen sie mich los! Ich war es nicht! Nein, das war ich nicht ..."

Roland blickt dabei aus weitgeöffneten Augen, sein Atem geht keuchend, er ist außer sich vor Entsetzen.

Dieses Entsetzen hat sein Bewußtsein ergriffen. Es betrifft nicht nur seine Untat, sein Verbrechen, sondern die Tatsache, daß er nicht wollte, was er tat. Er war von verdrängten Triebkräften, von Sexualität und Aggression überrumpelt worden und bestreitet nun, daß sein Bewußtsein und sein bewußtes Ich davon etwas wissen.

Das Leugnen läßt sich auch so erklären, daß Roland seine Tat im Augenblick des Bewußtwerdens sofort verdrängte, weil er diese verbrecherische Handlung nicht als die seine erkennen will und deshalb verleugnet.

Roland stand jedenfalls unter einem Zwang und wurde zum Ausführenden seines unbewußten Ich, das er nicht als zu sich gehörig betrachtet. (Vgl. Römer 7,14ff.).

Die von Sigmund Freud begründete Psychoanalyse trägt diesem Tatbestand durch die bekannte Formulierung (Kurzformel) Rechnung:

Der Mensch ist (wie) eine Pistole — Es drückt ab!

Freud und die Wiener Schule der Psychoanalyse verstehen unter dem „Es" den unbewußten Bereich der Triebe. Wir sprachen oben vom unbewußten Ich, dem dunklen Bruder in der Tiefe. Allgemein spricht man vom Unbewußten, dem großen, unauslotbaren Bereich, der dem Menschen nicht bewußt ist.

II. Das Unbewußte

Wieso kann die Tiefenpsychologie von Inhalten und Vorgängen im Unbewußten sprechen? Woher kann sie wissen, was im Menschen liegt und was in seiner Tiefe vorgeht? Kann sie ihre Aussagen beweisen?
Die Tiefenpsychologie ist eine Wissenschaft, die auf Erfahrung beruht. Freud war sogar der Meinung, seine Psychoanalyse habe den Voraussetzungen und den Methoden entsprechend eine naturwissenschaftliche Basis.
Indessen muß gesagt werden, daß nicht alle Erkenntnisse und Methoden auf exakten Erfahrungen beruhen. Die Tiefenpsychologie bedient sich genauso der Hypothesen und Theorien wie andere Zweige der Wissenschaft.
Viele Erkenntnisse, Einblicke und Methoden beruhen aber auf Ergebnissen, die sich auf Erfahrungen im Umgang mit Patienten gründen. Erkenntnisse und Methoden wurden aus den praktischen Erfahrungen gewonnen, weiter erprobt und bestätigt. So wurden im Umgang mit den Menschen, ihren Störungen und Schwierigkeiten, die Inhalte und Vorgänge des Unbewußten erkannt und erforscht.
Es gibt allerdings verschiedene Bereiche des Unbewußten, die auch ganz verschiedene Inhalte haben und deren Vorgänge verschiedenartig verlaufen.

1. Die Schichten des Unbewußten

Wir unterscheiden:

a) Das persönliche Unbewußte, b) das familiäre Unbewußte, c) das kollektive Unbewußte, d) das kosmische Unbewußte.
Diese Einteilung ist noch sehr grob. Es gibt innerhalb dieser Bereiche auch noch weitere Schichten.

Skizze: Der Aufbau der Seele

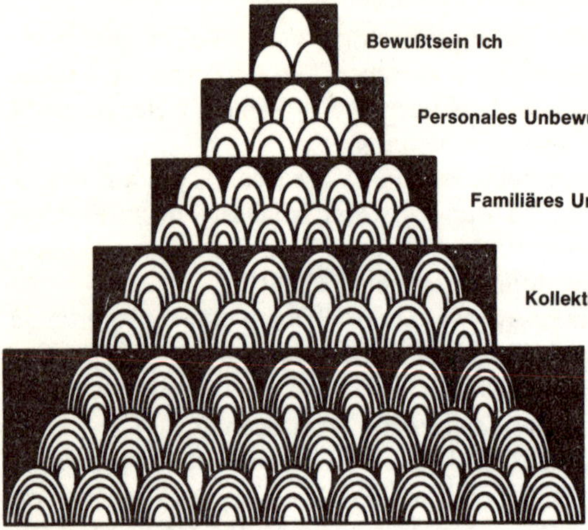

a) Das persönliche Unbewußte

Dem Bewußtsein, das mit seinem Kern, dem Ich, die Spitze eines Kegels darstellt, am nächsten befindet sich das persönliche Unbewußte.

Dieser Bereich beinhaltet die frühen Kindheitserlebnisse und die Erfahrungen der Vergangenheit bis zum heutigen Tag. Diese wurden dorthin verdrängt und gespeichert.

Zu diesen Erlebnissen und Erfahrungen gehören alle Eindrücke der Kindheit, die erzieherischen Maßnahmen der Eltern und der Umwelt. Ebenso sind Prägungen durch persönliche Erfahrungen im Umgang mit Personen, Einstellungen und Verhaltensmuster dorthin verdrängt worden.

Sie bleiben unbewußt, sofern sie nicht durch Signaleinfall, der eine Erinnerung hervorruft, plötzlich auftauchen und damit wieder bewußt werden.

Auch die Konflikte, die verdrängt wurden, sind nicht aufgehoben, sondern nur verschoben worden und schwelen in der Tiefe weiter. Dadurch aber können neue Störungen entstehen, die zu den alten hinzukommen und diese noch verstärken. (→ Seite 73—75.)

b) Das familiäre Unbewußte

Das familiäre Unbewußte „liegt" noch unterhalb des persönlichen Unbewußten und enthält die Erlebnisse, Erfahrungen und Verhaltensmuster, die aus dem zwischenmenschlichen Bereich herrühren. Es sind Geschehnisse im Intimbereich, im Bereich der Familie, in der Freundschaft und im Verhältnis der partnerschaftlichen Liebe.

c) Das kollektive Unbewußte

Das kollektive Unbewußte „liegt" noch tiefer und umfaßt die Erfahrungen, die Entscheidungen und die Ergebnisse der Menschheitsentwicklung.
Carl Gustav Jung, der diesen Bereich aufgrund seiner Einblicke und Erfahrungen im Umgang mit Patienten als Menschheitsunbewußtes oder kollektives Unbewußtes bezeichnet, sieht hier vor allem die Archetypen, d. h. urtümliche Bilder und ihre Energien, die der ererbten Hirnstruktur des Menschen entsprechen. Sie beeinflussen das Leben eines Menschen entscheidend.
Das kollektive Unbewußte ist angefüllt mit den Erfahrungen der gesamten Menschheit in ihrer vorgeschichtlichen Epoche und in ihrer geschichtlichen Entwicklung. Uralte Mythen, magische Praktiken und religiöse Riten liegen hier „verschüttet", aber haben ihre alte Symbolkraft behalten, die in der Tiefe weiterwirkt und auch nach „oben" ausstrahlt. Hitler hat so zum Beispiel das uralte Symbol des Hakenkreuzes wieder in das Bewußtsein gehoben und die energie-

geladene Mythologie, die damit verbunden ist, mobilisiert und in der Masse zur Wirkung gebracht.
Solche Archetypen sind die seelisch wirksamen Gestalten und Kräfte, die zum Beispiel im Urbild der Mutter, im Bild des Helden oder des Drachen, im Symbol der Vollkommenheit, dem Mandala, und anderen liegen.
Das kollektive Unbewußte enthält aber nicht nur diese Urbilder, sondern Komplexe, Triebkräfte, Affekte und Emotionen.

Skizze: Inhalte des kollektiven Unbewußten

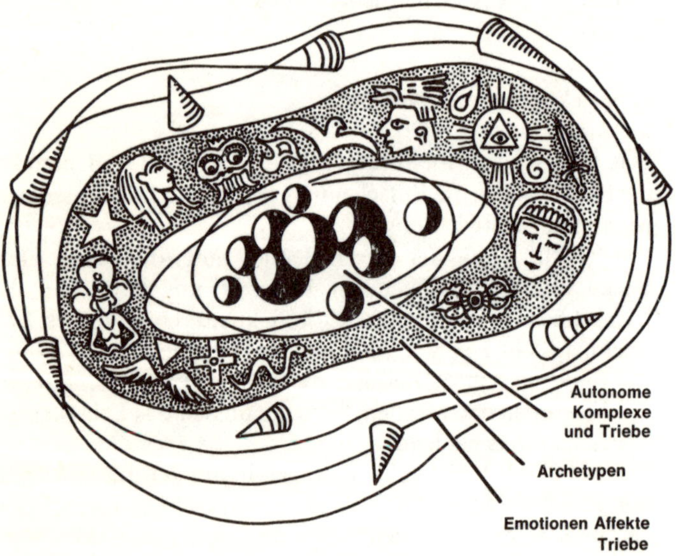

d) Das kosmische Unbewußte

Das kosmische Unbewußte ist eine Dimension, in der sich weder persönliche noch familiäre, noch kollektive Inhalte befinden. Dafür enthält das kosmische Unbewußte Wirklichkeiten und Energien, die nicht mit menschlichen Erfahrungswerten, nicht mit Worten und Begriffen, auch nicht durch Bilder und ihre Sprache erklärt werden können.
Hier ist der Bereich der eigentlichen Urerfahrungen des Menschen, die über jene Grunderfahrungen hinausgehen, die er im kollektiven Bereich des Unbewußten machen kann.
Dieses kosmische Unbewußte kann auch nicht als *die* göttliche Dimension bezeichnet werden, denn Gott umgreift die gesamte Wirklichkeit, sowohl die außerseelische als auch die innerseelische.
Die Wirklichkeit, die im kosmischen Unbewußten erlebt wird, ist gegenstandslos, weil sie dem Menschen als Objekt nicht entgegensteht und deshalb unvergleichbar ist und von anderen Erfahrungen her nicht erklärt werden kann. (Vgl. 2. Kor. 12, 1—4.)

III. Was wissen wir von den Trieben?

1. Der Triebbegriff — Begriffsbestimmung

Unter Trieb verstehen wir gespannte Energie, die zur Entspannung und damit zur Entladung drängt. Sobald der Trieb ins Bewußtsein tritt, werden die seelischen Funktionen mobilisiert, die zur Erreichung des Triebzieles notwendig sind. Trieb ist also energiegeladener Drang und zielgerichtetes Bedürfnis nach Abbau der Triebspannung und nach Befriedigung.
Die Reizquelle kann sowohl im körperlichen als auch im seelischen Bereich liegen.

Die Eigenschaften der Triebe finden auch in der Sprache ihren Niederschlag. So sprechen wir zum Beispiel davon, daß jemand von einer Idee besessen oder von einem Drang beherrscht oder von einer Kraft übermannt oder von einem Wunsch getrieben sei.
Es gibt eine Vielzahl von Trieben, die im Menschen bereits angelegt sind. Sie sind angeboren und entwickeln sich. Zu diesen „Primärtrieben" gehören:
1. Der Nahrungstrieb, 2. der Sexualtrieb, 3. der Aggressionstrieb, 4. der Geltungstrieb, 5. der Besitztrieb, 6. der Verharrungstrieb, 7. die Neugier, 8. der Forschertrieb.
Umstritten ist, ob 9. der Trieb nach Vollkommenheit und 10. der Trieb zum Erfassen der Wahrheit und zur Hingabe an sie (Glaube und Religion) dazuzählen. Unbedingt aber gehören diese beiden Triebe zu den Grundtrieben des Menschen, denen entsprechende Dispositionen vorausgehen.
Es gibt über diese zehn Primärtriebe hinaus noch eine große Zahl von Teiltrieben.
Während S. Freud nur von den beiden Grundtrieben Sexualität (Libido als Lebenstrieb) und Aggression (Libido als Todestrieb) ausgeht, zählt C. G. Jung eine Anzahl von weiteren Trieben dazu, die noch über die zehn angegebenen hinausgehen. Er verwendet den Begriff Libido (Begierde) im Sinne von allgemeiner Seelenenergie, die dem Menschen als Motivationsquelle und Lebenskraft geschenkt ist.
A. Adler geht von einem anderen Grundtrieb, nämlich dem Geltungsstreben oder dem Willen zur Macht, aus. Andere Psychologen, z. B. H. Schultz-Hencke, sehen in fünf Grundtrieben die wesentlichen Antriebsfaktoren: im Sexualtrieb, in der Neugier, im Geltungsstreben, im Verharrungstrieb und im Besitzstreben.

Bericht: Die Macht der Triebe

Susen (12) wird immer wieder beim Stehlen erwischt. Belehrung und Bestrafung durch Eltern und Lehrer erreichen nichts. Susen ist verstandesmäßig durchaus in der Lage zu begreifen, daß Diebstahl etwas Unmoralisches ist und daß sie sich und ihre Eltern in große

Schwierigkeiten bringt. Susen erkennt auch, daß sie sich langsam, aber sicher um alle Lebenschancen bringt. Trotzdem tut sie es immer wieder.
Susen wird von innen dazu getrieben, gegen ihr Gewissen, gegen die Autorität der Eltern und Lehrer — und gegen ihr besseres Wissen zu handeln. Sie steht unter einem Zwang. Der Trieb ist stärker als das Ich, stärker als der Wille — und stärker als das Gewissen. Er geht von der Tiefe des Unbewußten aus und beherrscht die gesamte Persönlichkeit und die zwischenmenschliche Situation.

Versuchen wir eine Deutung: Zunächst muß man annehmen, daß es sich in diesem Fall des wiederholten Diebstahls um die Auswirkung des Besitztriebes handelt. Susen ist dem Triebandrang nicht gewachsen. Sie unterliegt fortdauernd dem Triebmechanismus: Reiz — Verlangen — Spannung — starkes Drängen nach Befriedigung — Entladung.
Der treibende Faktor kann aber auch ein verstärktes Minderwertigkeitsgefühl sein. Susen nimmt dann ganz unbewußt den Reiz auf, den ein Gegenstand auf sie ausübt. Gleichzeitig befriedigt sie ihr Verlangen nach Geltung und Anerkennung. Sie wertet sich mit dem Besitz des gewünschten und gestohlenen Gegenstandes selbst auf. Susen stiehlt somit aus dem Geltungsstreben heraus, um auf andere einen Eindruck zu machen. Mit einer hübschen Armspange etwa kann man angeben und die Aufmerksamkeit anderer auf sich ziehen.
Susen versucht, durch das fortgesetzte Stehlen einen Ausgleich (Kompensation) des Mangels herbeizuführen, und befriedigt somit gleich zwei Triebe. (→ Seite 87—89.)

2. Der Triebvorgang

Wie wirken sich Triebe aus? Gehen von einer Reizquelle Impulse aus, so kommt eine Dynamik in Gang. S. Freud spricht von einem ablaufenden Mechanismus. Diese Impulse drängen und treiben auf ein Ziel zu. Der Mensch steht unter Druck und wird motiviert bzw. getrieben.
Die Reizquelle muß nicht unbedingt im körperlichen oder seelischen Bereich liegen. Reize können auch von außen kommen und über das Bewußtsein stimulierend auf die bereits verdrängten und gestauten Energien einwirken. Auch

kann die Herkunft des Reizes nicht immer genau erkannt werden. Oft wirkt der Reiz als dunkler unerkannter Drang, oft auch als bewußtes Bedürfnis.

Die Triebdynamik wirkt sich verschiedenartig aus. Sie kann alarmieren und den Menschen in höchste Erregung versetzen. Sie kann auch Spannungen erzeugen, die Gefühle der Unlust hervorbringen und nach raschem Abbau der Spannungen drängen. Es kann ebenso eine Mangelempfindung aufkommen, die zu einem Befriedigungswunsch führt.

Triebdynamik hat immer eine Zielrichtung. Der Mensch steht unter dem Zwang, bis dieses Ziel der Entladung oder der Befriedigung des Bedürfnisses und damit die Beseitigung der Triebspannung erreicht ist. Insofern handelt es sich um eine Art von Zwangshandlung.

S. Freud hat darauf hingewiesen, daß die Triebdynamik immer zu einer Wiederholung führt. Er spricht von Wiederholungszwang.

Triebimpulse und die entstehende Triebdynamik mobilisieren den gesamten seelischen „Apparat". Es werden Gefühle angesprochen, die Stimmung des Menschen wird beeinflußt und verändert — und selbst das Bewußtsein wird davon betroffen. Es breitet sich eine seelische und körperliche Gesamtspannung über die Persönlichkeit aus, die immer stärker zum Ziel, d. h. zur Entladung, drängt.

Im Augenblick der Entladung und Befriedigung löst sich die Spannung auf. Damit endet auch die Triebdynamik. Die Triebspannung schlägt in eine Entspannung um und löst unter Umständen eine Abwendung vom Objekt aus, die bis zum Ekel gehen kann.

Trotzdem kann es rasch wieder zu einer Wiederholung des gesamten Vorganges kommen, etwa bei der sexuellen Selbstbefriedigung, der Onanie. Aber auch im alltäglichen Geschehen stellen wir fest:

Der Drang, etwa den Wunsch nach Süßigkeiten zu stillen, nimmt ständig zu. Er wird so stark, daß die Spannung unerträglich wird und sich dadurch Unlust bemerkbar macht. Dann erfolgt die Befriedigung, und die Spannung wird abge-

baut. Das durch die Spannung erzeugte Unlustgefühl wird durch die Lustbefriedigung abgelöst.
Es kann dabei vorkommen, daß nun eine Unmenge Schokolade verzehrt wird bis zum Überdruß. Aber schon nach wenigen Tagen sind Reiz und Spannung wieder da und wachsen ins Unermeßliche, bis die Entladung und die Befriedigung erfolgt. (Vgl. Römer 7, 19.)

Skizze: Der Triebvorgang

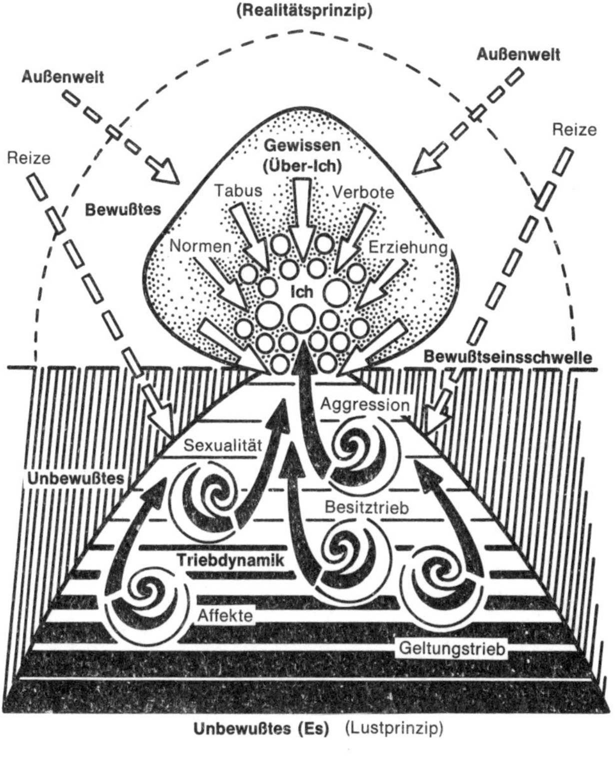

3. Die Entwicklung der Triebe

Die Sexualität als eine der Haupttriebkräfte des Menschen entwickelt sich schon in den ersten Jahren der Kindheit. Man unterscheidet vier Stufen der Entwicklung der Sexualität:

1. Die „orale Phase“, 2. die „anale Phase“, 3. die „phallische Phase“ und 4. die „genitale Phase“ als die Phase der Reifung.

Diese Bezeichnungen gehen auf S. Freud zurück, der sich damit auf die erogenen Zonen des kindlichen Körpers bezieht.

Die erste Phase schließt an das Saugbedürfnis und die Nahrungsaufnahme des Säuglings an. Die erogene Zone ist der Mund.

Die zweite konzentriert sich um den Bereich der Entleerung, der Beschäftigung des Kindes mit dem Ausscheidungsorgan und -produkt.

Die dritte Phase bezieht sich auf das Geschlechtsorgan selbst.

Die vierte Phase umfaßt die Vorgänge der Geschlechtsreifung und die übrigen körperlich-seelischen Reifungsprozesse.

Freud ist der Meinung, daß in diesen frühkindlichen Phasen, vor allem zwischen dem ersten und dem fünften Lebensjahr, nahezu alle Ursachen für spätere Fehlentwicklungen und für die Entstehung von Neurosen zu finden sind. (→ Seite 120.)
Man muß wissen, daß Freud alle Lustfunktionen, also das Kontaktbedürfnis, den Saugtrieb, die Neugier, die Produktionslust, das Habenwollen und das Nicht-hergeben-Wollen in die Sexualfunktion hineinnimmt. Dies ist nicht einzusehen, denn alle Lustfunktionen sind auf Lustgewinn aus, nicht nur die Sexualität.

Gesteht man der Sexualität auch zu, daß sie einen wesentlichen Faktor im Triebgeschehen darstellt, so kann doch nicht übersehen werden, daß sich alle Primärtriebe während

dieser oben aufgeführten Phasen — wenn auch unterschiedlich — entwickeln. (→ Seite 119—122.)
In den beiden ersten Phasen entfalten sich die vital-seelischen Triebe: Besitzwille, Neugier, Wandertrieb. In der dritten Phase entwickeln sich besonders die vitalen Daseinstriebe: der Wille zur Selbstbehauptung, der Eigenwille, der Geltungswille, Mut und Furcht. Später — in der Latenzperiode und während der Vorpubertät — entfalten sich die vitalen Schaffenstriebe: der Drang zum Hervorbringen, der Ausdrucksdrang, der Wissenstrieb. In der zweiten Phase der Reifezeit (Pubertät) werden die seelisch-geistigen Triebe und Interessen angeregt und entsprechend entwickelt.
Neben dem Sexualtrieb wird auch der Aggressionstrieb zu den Primärtrieben gezählt. Dieser hat sowohl eine biologisch-körperliche als auch eine seelische Funktion. Der Aggressionstrieb enthält destruktive Neigungen. Er dient aber auch der Selbsterhaltung und dem Willen zur Macht, wie Alfred Adler feststellte.

4. Affekt und Trieb

Was verstehen wir unter einem Affekt? Zunächst haben wir darunter ein elementares Gefühl zu verstehen, z. B. Zorn, Enttäuschung, Hilflosigkeit, Angst und andere. Es handelt sich beim Affekt aber auch um eine energieerzeugende Gemütsbewegung, die sich in Gefühlsausbrüchen äußern kann. Mit dem Affekt verhält es sich ähnlich wie mit dem Trieb und der Triebdynamik. Auch der Affekt richtet seine Impulse auf bestimmte Ziele aus und erzeugt eine Spannung. Die in Gang gesetzte Dynamik mobilisiert die seelische Organisation und treibt zur Entladung. Wenn diese — etwa in einem Ausbruch — erreicht wird, folgt die Entspannung. Affekthandlungen unterscheiden sich kaum von triebhaften, körperlichen oder seelischen Handlungen. Es gibt triebhafte Verbrechen und Verbrechen, die aus dem Affekt heraus entstanden sind. Der Unterschied liegt mehr oder weniger im

Anlaß. Beim Trieb und dem Triebvorgang handelt es sich um eine „innere“ Veranlassung aus dem seelischen oder auch aus dem körperlichen Bereich. Beim Affekt und dem Affektvorgang kommt der Anreiz und damit die Veranlassung zur Tat von außen.
Ein Unterschied ist auch darin zu sehen, daß der Trieb entsprechend dem Wiederholungszwang periodisch wiederkehrt, was bei einer Affekthandlung nicht immer der Fall ist.

Beispiel

Eine Schulklasse wird durch die Leistungsforderung und durch den Zwang des Lehrers aufgeladen und versucht, sich nun abzureagieren. Könnte der Lehrer die Klasse sofort in die Pause entlassen, so würden sich die aufgestauten Affekte in Motorik umsetzen. So aber muß er sich der Reaktion der Klasse aussetzen. Diese reizt nun ihrerseits den Lehrer und bringt ihn zur „Weißglut“. Damit löst die Klasse einen Affekt beim Lehrer aus, wie auch der Lehrer mit seinem Drohen und Schimpfen zuvor Affekte bei seinen Schülern ausgelöst hat. Würde er statt dessen seine Schüler durch pädagogische Verstärker, d. h. durch Leistungsanreize, erfreuen, käme es ebenfalls zu Affekten, also zu Spannungszuständen, die ein ganz anderes, positives Verhalten auslösen würden.

Meistens sind Triebe affektbesetzt und die Affekte sind triebgeladen. Triebenergie, die nach Entladung drängt, bringt immer auch die affektive Sphäre des Menschen mit in Bewegung. Affekte können Triebenergien aufnehmen und Mechanismen in Gang setzen. Sie üben also nicht nur eine Begleitfunktion aus, sondern vermögen sogar den Triebvorgang zu steuern.
Ebenso kann der Außenreiz über den Affekt Zugang zur Triebenergie und zum Triebmechanismus gewinnen und diesen in Gang bringen. Der Triebmechanismus kann in seinem Ablauf auch durch einen Außenreiz gestört und verändert werden.
Affekte sind immer beteiligt. Dieser Vorgang kann als Prägung bezeichnet werden. Bevor das Kind zum Beispiel mit

Verstand lernt, erhält es auf affektivem Wege Triebprägungen, die sein Verhalten bestimmen. (→ Seite 174.)

Beispiel

Eine Schulklasse wird durch das Verhalten des Lehrers, der eineKollektivstrafe anordnet, angereizt. Eine Gruppe dieser Klasse läßt sich zu sadistischen Überlegungen und Handlungen hinreißen und zwingt die übrigen zum Mitmachen.
Der Affekt, der zur Entladung drängt, wird gesteigert und führt triebgeladen zur Quälerei. Mit großem Lustgewinn werden Pläne geschmiedet, die darauf hinauslaufen, den Lehrer zu diffamieren. Wenn dabei der sexuelle Bereich angesprochen wird, kann das Verhalten der Schüler ihnen selbst zugleich eine sexuelle Lustbefriedigung vermitteln. Falls die Klasse Gelegenheit hat, dem Lehrer eine andere Form der Demütigung zu verabreichen, werden der Machttrieb und die Neigung zum Sadismus befriedigt.

5. Konflikte zwischen dem Ich und dem Trieb

Die psychoanalytische Schule S. Freuds stellte vor allem die Konflikte zwischen dem Ich und dem Es heraus.*
Das noch ungereifte Ich des Jugendlichen hat eine vermittelnde Funktion. Es hat die Aufgabe zwischen den Triebansprüchen aus dem Unbewußten (Es) und den Forderungen der Umwelt (Realitätsprinzip) zu vermitteln. (→ Seite 74) Das Ich hat aber eine andere Instanz über sich, die Freud als das Über-Ich bezeichnet und das in etwa dem Gewissen entspricht. Dieses Über-Ich hat eine zensorische Funktion. Es entscheidet also über die Zulassung des Triebwunsches bzw. seine bedingte Zulassung oder über die Zurückweisung. Das Über-Ich besteht aus Maßstäben, Urteilen, Gesetzen und Verhaltensmustern, die zum Teil angeboren, zum größeren Teil aber durch die frühkindliche Erziehung erworben wurden.

* Ausführliche Darstellung der Psychoanalyse in Wanner, „Signale aus der Tiefe“, Brunnen Verlag, Gießen.

Werden nun solche Triebwünsche abgelehnt und zurückgewiesen, dann wird der Abwehrvorgang, der von Ängsten begleitet wird, bestimmend für den weiteren Verlauf. Es gibt verschiedene Abwehrvorgänge, die zum großen Teil unbewußt, sozusagen mechanisch funktionieren.

Skizze: Ich und Über-Ich

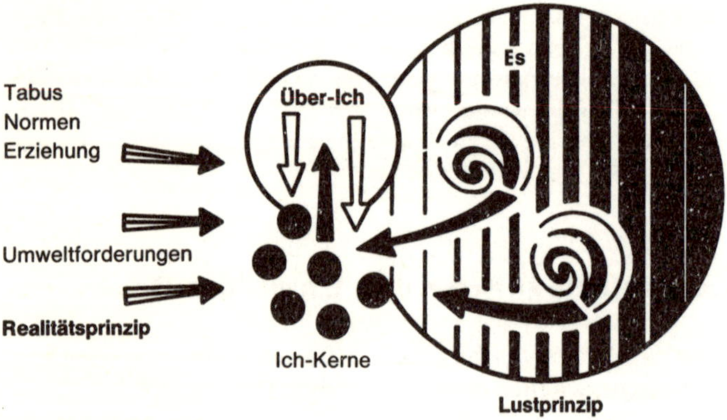

Die häufigste Form der Triebabwehr ist die *Frustration*. Unter Frustration verstehen wir die Zurückweisung der Triebansprüche im Sinne einer Entsagung. Der Triebimpuls drängt auf Erfüllung und Befriedigung hin — und wird doch nicht erfüllt, sondern verneint und damit unterdrückt.
Auf diese Unterdrückung hin erfolgt die *Verdrängung*. Triebwünsche können auch ohne regelrechte Unterdrückung direkt verdrängt werden.
Unter Verdrängung verstehen wir die Abweisung des Triebwunsches und seine Zurückdrängung in das Unbewußte. Der oftmals unterdrückte Trieb wird fast mechanisch zurückgedrängt, wenn ihm nicht wenigstens eine teilweise oder

korrigierte Zulassung und Erfüllung gewährt wird. Dabei wird viel Energie verbraucht, die dem Leben verloren geht. Es entsteht andererseits Verdrängungsenergie, die im Unbewußten neue Konflikte hervorruft. (→ Seite 81—82.)

Skizze: Der Vorgang der Verdrängung

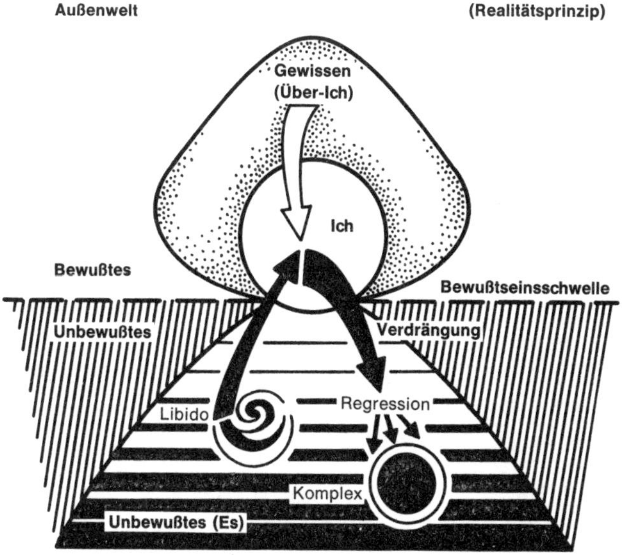

Wird der Triebimpuls korrigiert oder völlig umgeformt, dann sprechen wir von *Sublimierung*.
Sublimierung ist also die Umformung und Umsetzung von Triebimpulsen einschließlich ihrer Energie und Dynamik. Sublimierung ist nicht das Produkt eigener Willensanstrengung. Sublimierenkönnen hängt davon ab, ob der junge

Mensch im gesamten eine positive Lebensrichtung eingeschlagen hat und ob er über Kräfte verfügt, die sein eigenes Kräftepotential und sein gutes Wollen überschreiten. (Vgl. Phil. 4, 13.)

Paulus, der als hervorragendes Beispiel für die Vorgänge der Sublimierung zitiert wird, hat durch die entscheidende und alles verändernde Wendung zu Christus hin eine Basis für die Sublimierung gewonnen und durch Glauben und Gebet die göttlichen Kräfte in Anspruch genommen. Der reifende Jugendliche vermag es, von dieser Basis aus, die Prozesse der Abwehr zu steuern und die sublimierten Kräfte und Gaben sinnvoll und zielrichtig anzulegen.

Dem Vorgang der Sublimierung verdanken wir großartige Ergebnisse, nämlich Ideen, künstlerische Werke, musische Schöpfungen, pädagogische Neigungen und Fähigkeiten, literarische Höhenflüge, sportliche Leistungen und vieles mehr. Kreativität ist ohne den Vorgang der Sublimierung nicht denkbar.

Allerdings kann man nicht alles auf Sublimierung zurückführen, wie das die psychoanalytische Schule getan hat. Es gibt aus der lebendigen Gottesbeziehung und aus der Nachfolge Jesu heraus Erkenntnisse, Kräfte und Leistungen, die nicht mit der Sublimierung zu erklären sind, sondern als Charismata (Gnadengaben) empfangen werden. Wir denken dabei an die Liebe gemäß 1. Kor. 13 und andere Gaben. Junge Menschen nach der Pubertät erleben die Möglichkeit des Sublimierens als einen Vorgang der Befreiung. In der Phase der Ausreifung gelingt ihnen diese Form der Triebbewältigung, der Verfeinerung und der Vergeistigung in zunehmendem Maße. Gleichzeitig finden sie den Mut und die Freiheit zur Auswärtswendung und zur partnerschaftlichen Beziehung. (→ Seite 46—47.)

Es gilt zu beachten, daß keinem Menschen eine völlige Triebsublimierung gelingt. Es bleibt immer noch ein unsublimierter Rest, der sich der Kontrolle des Ich entzieht und für weitere Konflikte sorgt.

Skizze: Der Vorgang der Sublimierung

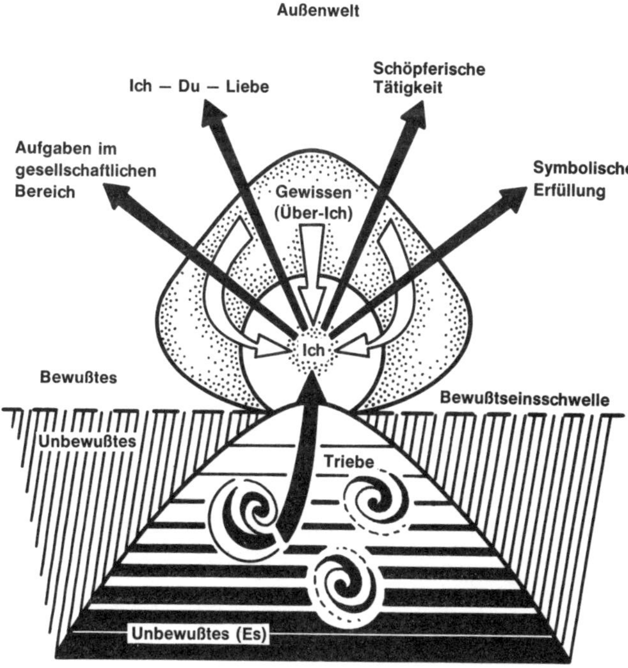

Bericht: Sublimierung

Steffen (14) leidet unter seiner Zwiespältigkeit, seiner Zerrissenheit und Isoliertheit und anderen typischen pubertären Schwierigkeiten. Plötzlich erscheint er in einer Jugendgruppe, die er zuvor abgelehnt hatte. Er kann sich dort aber nicht einordnen, findet keine Freunde und bleibt ein Fremdkörper. Er ist unglücklich darüber, daß er keine Freunde findet, kann aber seinen Egoismus nicht überwinden.
Im seelsorgerlichen Gespräch werden seine Nöte aufgedeckt. Steffen leidet vor allem unter zwanghaften Tagträumen mit sexuell gefärbten Inhalten.

Nach dem Gespräch findet er den Mut, mit Hilfe des Jugendleiters eine Gruppe nahezu asozialer Kinder zu betreuen. Er entwickelt Phantasie, hat Ideen, entfaltet Kräfte und verliert seine starken Minderwertigkeitsgefühle. Auch sein Egoismus nimmt erträgliche Formen an. Vor allem aber wird er zunehmend frei von seinen sexuellen Phantasieträumen.

Steffen sublimiert also Energien, die ihm zuvor Not bereiteten, und gewinnt zunehmend Freude im Dienst an den schwierigen Kindern. Trotz einiger Rückschläge wird er zunehmend ein guter Gruppenführer, der sich selbst entfaltet und auch in bezug auf den Glauben reift.

6. Weitere Triebkonflikte

Triebvorgänge sind auch Motivationsvorgänge. Mit anderen Worten: Triebe setzen Mechanismen in Bewegung, drängen zur Entladung, treiben einen Menschen zu Handlungen und zum entsprechenden Verhalten. Triebvorgänge sind immer zielgerichtet und auf einen bestimmten Ablauf bedacht.

Nun stellt sich aber nicht nur das Über-Ich mit seiner zensorischen Funktion gegen diesen Ablauf. Auch das Ich mit seiner vermittelnden Aufgabe und die Umwelt mit ihren Forderungen wenden sich nicht ausschließlich und allein gegen die Triebimpulse und die Triebvorgänge, sondern es gibt noch weitere Faktoren: Es kommt zwischen den gegensätzlichen Trieben und Triebrichtungen zu weiteren Konflikten, die sich in den tieferen Schichten auf der affektiven Ebene abspielen. (→ Seite 80.)

So können aus der Antriebsgegensätzlichkeit, wie auch aus den unterschiedlichen Stärken der Triebe Zwiespältigkeiten entstehen. Diese Zwiespältigkeiten im Unbewußten lösen besondere Störungen aus, die sich in folgenden Vorgängen äußern:

Ambivalenz — Hemmung — Blockierung — Lähmung

Was geht bei diesen Triebvorgängen vor? Es kommt vor allem zur affektiven Ambivalenz, d.h. zu einer Gespaltenheit der Gefühle. Diese Gespaltenheit bewirkt eine starke Verunsicherung. Daraus ergibt sich unter Umständen ein Lähmungszustand, der sich als Blockierung der Entscheidungsfreudigkeit und als Lähmung der Entschlußfähigkeit auswirkt.

Die Ambivalenz zeigt sich in der Mischung der Gefühle. Es können zwar Wünsche aufsteigen, aber sie werden zugleich zurückgehalten, verneint und kommen nicht zur Erfüllung. Die affektive Ambivalenz führt auf die Dauer zu immer schwereren Konflikten, die das gesamte Leben überschatten, weil alles zwiespältig wird.

Wir können bei Jugendlichen oft beobachten, daß sie gehemmt sind und in einer Situation wie gelähmt verharren. Viele suchen zum Beispiel krampfhaft die Nähe der anderen und sind doch zugleich eiskalt und abweisend.

Die Steigerung des Konflikts wird sichtbar in der Unfähigkeit, sich aktiv einzusetzen, d.h. innerhalb der Gruppe oder im Unterricht Aufgaben zu übernehmen.

Augenscheinlich sind die Motivationsschwierigkeiten während der Reifezeit. Wie schwer lassen sich gerade Jungen innerhalb einer Klasse oder auch in der Gruppe in diesem Alter in Bewegung setzen! Viele Jugendliche leiden an Konzentrationsschwäche und am Unvermögen, die kleinen Pflichten des Lebens zu meistern. Schüler scheitern nur selten an mangelnder Intelligenz, sondern an der Unfähigkeit, sich zu aktivieren, die auf dieser Spaltung der Gefühle beruht. Mit der Zeit verlieren solche Jugendliche die Lust zu allem. Sie können weder „Ja" noch „Nein" sagen und verharren im Nichthandeln. (→ Seite 82.)

Skizze: Antriebsgegensätze

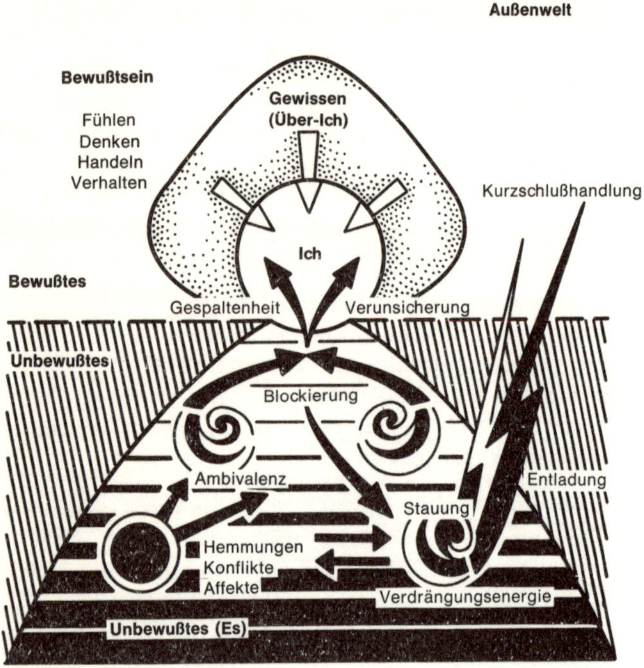

Bericht: Ambivalenz der Gefühle

Ellen (13) sympathisiert mit einem Nachbarjungen, der angeblich an einer Infektionskrankheit leidet. Die Eltern verbieten ihrer Tochter den Kontakt. Ellen gehorcht zwar, kommt aber von dem hilfesuchenden Jungen, dessen Rufen sie hört, innerlich nicht los. Sie schleicht einige Male an den Gartenzaun, wird aber dabei ertappt und bestraft. Ellen kommt in heftige Konflikte, die eine affektive Ambivalenz hervorrufen und zu einer inneren Lähmung führen. Sie hört den Jungen verzweifelt nach ihr rufen, kann sich aber nicht aufraffen, zu ihm zu gehen. Gleichzeitig wächst der Haß gegen die Eltern und eine merkwürdige Starre, aus der sie sich über Jahre hin nicht recht lösen kann.

Erst nach einem Gefühlsausbruch gelingt es ihr, sich etwas zu distanzieren. Die entscheidenden Jahre der Reifezeit sind schwer belastet. Ellen muß die Schule verlassen und leidet unter Angstzuständen.

7. Auswirkungen der Verdrängungsenergie

Affektgeladene Triebe verdrängen sich gegenseitig. Dadurch entsteht eine enorm starke Verdrängungsenergie, die sich aufstaut. Diese Aufstauung führt zur innerseelischen Hemmung. Zunächst kommt es also zu keiner Entladung und zu keiner Handlung, auch nicht zum Vorgang der Sublimierung. Jeder seelische Konflikt produziert und steigert Verdrängungsenergie, die zur Stauung führt. Solange diese Stauung aufrechterhalten wird, kann es nicht zur Entladung und zur Befreiung kommen.
Es muß dabei folgendes beachtet werden: Normale Trieb- und Affektspannungen werden zu Antriebsfaktoren und führen zu normalen Entladungsvorgängen. Die tiefenseelischen Konfliktspannungen jedoch entwickeln eine triebhafte Hemmung mit anschließender Lähmung. Mindestens aber ist der Antrieb gehemmt.
Der folgenschwerste Vorgang bei diesen Konfliktspannungen ist das Zustandekommen von Verdrängungsenergie. Diese Verdrängungsenergie ist nicht gleichzusetzen mit der neutralen Energie, die das Ich aufwenden muß, wenn es Triebansprüche zurückweist.
Verdrängungsenergie wächst an, verdichtet sich und erzeugt Folgewirkungen. Sie verringert sich dann, wenn sich der Konflikt lösen läßt. Mit der Beseitigung des Konflikts wird auch die Verdrängungsenergie abgebaut.

Fassen wir zusammen:

Die tiefenseelische Konfliktsituation ist gekennzeichnet durch Konfliktspannungen, die durch das Zustandekommen von Verdrängungsenergie hervorgerufen und gesteuert werden. Die Folgewirkungen sind:

- Es kommt zur momentanen Hemmung der gegensätzlichen Triebe und dadurch zur Verunsicherung. In schweren Fällen kommt es zur totalen Blockierung und zur Lähmung der Antriebskräfte.
- Die Verdrängungsenergie der verschiedenen gegensätzlichen Antriebe bewirkt eine zwiespältige Situation (Ambivalenz), die sich im Hin- und Herschwanken des Fühlens, Denkens, Handelns und Verhaltens äußert.
- Darüber hinaus kann es zu Kurzschlußhandlungen kommen. Diese Situation entsteht dann, wenn beide Triebe sich die Waage halten, so daß keiner dieser gegensätzlichen Triebe sich entladen kann. Die anschwellende Verdrängungsenergie erzwingt schließlich die Entladung, die ungesteuert und explosiv geschieht.

Bericht: Aufgestaute Verdrängungsenergie

Klaus (15) wird von der Gruppe links liegen gelassen, weil, wie die Kameraden sagen, nichts mit ihm anzufangen sei. Klaus geht selbst auf Wanderungen eigene Wege und hilft nur nach wiederholten Aufforderungen beim Zeltaufbau mit. Unerwartet aber hat er am nächsten Morgen das Feuer in Gang gebracht. An diesem Morgen ist er überhaupt viel zugänglicher. Schon glaubt die Gruppe, daß ein Wandel eingetreten sei. Doch am Nachmittag schlägt das Verhalten plötzlich um. Klaus liegt zunächst wieder untätig herum und „brütet“, wie die anderen sagen. Dann kommt es zu einem Wutausbruch. Klaus stürzt auf einen Jungen zu und schlägt brutal auf diesen ein. Dann rast er weiter zur „Küche“ und wirft dort Gegenstände herum und zerstört Lebensmittel.
In der Aussprache, die dieser Aggressionsentladung folgt, deutet Klaus starke Sehnsucht nach freundschaftlichen Kontakten an. Er möchte nicht nur einen Freund haben, sondern auch aktiv am Gruppenleben Anteil haben. Er gibt jedoch zu, daß er gleichzeitig fürchtet, seine Freiheit zu verlieren. Er sucht die Gruppe und persönliche Freundschaft — und wird doch wieder abgestoßen. Er möchte sich nicht verlieren. Die beiden gegensätzlichen Antriebe halten sich die Waage. Dann bricht die aufgestaute Verdrängungsenergie plötzlich durch.

IV. Von der Konfliktsituation zur Komplexbildung

Wenn solche Konflikte bestehen bleiben, dann kommt es zur Komplexbildung.
Was verstehen wir unter einem Komplex? S. Freud spricht vom „Ödipuskomplex“, A. Adler vom „Minderwertigkeitskomplex“. C. G. Jung nannte seine Tiefenpsychologie „Komplexe Psychologie“. Er sieht im Komplex den zusammengeballten Konfliktstoff, der unerledigt in der Tiefe des Unbewußten schwelt. Ein Komplex ist ein dynamisches Gebilde, eine autonome Größe oder Wirklichkeit, die sich von der Persönlichkeit abspaltet und ihr Eigenleben führt.
Wir verstehen unter einem Komplex die Verknüpfung von affektgeladener Triebenergie und aufgestauter Verdrängungsenergie mit Vorstellungen, Erfahrungen und Einstellungen. Ein Komplex stellt auch einen andauernden Konfliktzustand im Sinne einer Fixierung, einer Verdichtung und einer Erweiterung des Konflikts dar.
Zu diesen Faktoren der Komplexbildung können noch weitere hinzukommen, nämlich die Verschiebung und die Umbildung der ursprünglichen Konfliktsituation.
Welche Auswirkungen hat die Komplexbildung? Durch die Komplexbildung verdichten und entwickeln sich die innere Hemmung und die nachfolgende Lähmung mehr und mehr zur neurotischen und damit zur krankhaften Hemmung und Lähmung. Wir sprechen dann von Angst- und Zwangsneurosen. Aus der vorübergehenden Zwiespältigkeit wird nun eine dauerhafte hysterische Verhaltensweise, die Neigung zur Hysterie. Die Neigung zu Zwangshandlungen, zu zwanghaftem Empfinden und Denken, entwickelt sich weiter zur Zwangsneurose. (→ Seite 119—120.)

Bericht: Komplexbildung — Neurose

Gabriele L., Studentin (26), liegt seit vielen Wochen krank im Bett. Sie versucht seit Jahren, ihr Studium der Pädagogik mit dem Examen abzuschließen, was ihr aber nicht gelingt. Immer, wenn es an den Termin herangeht, ist sie unfähig, sich aufzuraffen. Sie fühlt sich wie gelähmt und bleibt deshalb im Bett. Sie flieht in die Krankheit. Später zwingt sie sich doch, versagt aber in der Prüfung oder bricht vorzeitig ab.
In der Aussprache gibt sie an, daß sie Zweifel über die Richtigkeit ihres Berufszieles hätte. Ihr Leben sei ihr eine einzige Frage. Manchmal würde sie sich zwingen, den Weg weiterzugehen, oft aber könne sie keinen Sinn mehr in diesem Weg sehen. Oftmals käme es zu Weinkrämpfen und zu Aggressionsausbrüchen, aber nachher sei alles beim alten. Sie hat einen ausgesprochenen Examenskomplex verbunden mit starken Minderwertigkeitsgefühlen. Neuerdings leidet sie unter Angst und Zwangsvorstellungen. Sie kann das Haus nicht mehr verlassen und bleibt einfach im Bett liegen.

V. Der Minderwertigkeitskomplex

Als Beispiel für den Vorgang der Komplexbildung und die Auswirkung eines Komplexes eignet sich am besten der Minderwertigkeitskomplex.
Er gehört zwar zu den „harmloseren" Erscheinungen, aber auch er vermag es, Konflikte zu verstärken und die Entstehung von Neurosen zu fördern.

1. Wodurch entsteht der Minderwertigkeitskomplex?

Man kann zunächst von dem normalen Minderwertigkeitsgefühl ausgehen, das jedem Kind schon deshalb eigen ist, weil es noch nicht erwachsen und nicht unabhängig ist. Ein normales Minderwertigkeitsgefühl kann ohne weiteres verkraftet werden. Es wird im Laufe der Entwicklung durch persönliche Erfolge, aber auch durch Erziehung zur Sachlichkeit abgebaut und weicht der richtigen Einstellung zur Umwelt und der reiferen Einschätzung der persönlichen Eigenart.

Oft kommt es jedoch zu verstärkten Minderwertigkeitsgefühlen. Diese entstehen zum Beispiel durch das Empfinden der Organminderwertigkeit. Vielleicht wird sich ein Kind plötzlich seiner schwächlichen Konstitution bewußt oder leidet darunter, daß es schon als Kind eine Brille tragen muß.

Es ist auch möglich, daß ein Kind durch seelische Schädigungen während der Entwicklung in den ersten Jahren zu einem verstärkten Minderwertigkeitsgefühl kommt. Ein weiterer Grund kann in den sozialen Verhältnissen liegen.

Eine große Rolle spielt die Stellung des Kindes in der Familie. Ein Kind spürt zum Beispiel deutlich, ob es ein erwünschtes oder ein unerwünschtes Kind ist und leidet darunter. Ebenso leidet es darunter, wenn es erkennt, daß sich seine Eltern einen Sohn statt einer Tochter gewünscht hatten. Dies kann natürlich auch umgekehrt der Fall sein.

Manche Kinder sind mit ihrer Geschlechtsrolle nicht zufrieden. Sie möchten dem anderen Geschlecht zugehören.

Ebenfalls spielt die Reihenfolge im Geschwisterkreis eine Rolle. Die nachkommenden Kinder verkraften ihre etwaige Zurückstellung oft nur schwer.

Verstärkte Minderwertigkeitsgefühle werden auch durch Schulnöte verursacht. Vor allem dann, wenn das Prestigedenken der Eltern von den Kindern Leistungen fordert, die sie nicht erbringen können. Ebenso spielen Tadel und Spott vor anderen eine große Rolle bei der Bildung von verstärkten Minderwertigkeitsgefühlen. Während der Pubertät entstehen diese, wenn der Jugendliche nicht mit seinen Triebkonflikten fertig wird und der Selbstbefriedigung (Onanie) verfällt. (→ Seite 181—185.)

Auch die Auseinandersetzung mit der Umwelt, das Erleben der Isoliertheit und die vergebliche Partnersuche können zur

Bildung von verstärkten Minderwertigkeitsgefühlen beitragen.
Im späteren Leben spielen berufliche Schwierigkeiten und Ehekonflikte eine entscheidende Rolle bei der Bildung von verstärkten Minderwertigkeitsgefühlen. Wenn diese Ursachen nicht beseitigt und die Konflikte nicht gelöst werden, bilden sich Komplexe. Die Konflikte verstärken sich und verfestigen sich zu Komplexen. (→ Seite 195—196.)

2. Versuche zur Überwindung des Minderwertigkeitskomplexes

a) Die Kompensation

Der häufigste Versuch zur Überwindung des Minderwertigkeitskomplexes stellt die Kompensation dar.
Mittels der Kompensation will der Mensch einen Ausgleich herbeiführen, indem er zum Beispiel Leistungen erbringt, die ihn vor anderen und auch vor sich selbst aufwerten.
So versuchen zum Beispiel manche Gruppenführer, sich im Bereich der Jugendarbeit zu bestätigen, weil sie auf schulischem Gebiet Schwierigkeiten haben. Sie weichen auf einen anderen Bereich aus und bringen dort ausgezeichnete Leistungen.
Andere Jugendliche versuchen durch Veränderung ihres Aussehens (Schminken u.a.) Aufsehen zu erregen und unter Umständen von den vorhandenen oder eingebildeten Mängeln abzulenken.
Manche werden zu Strebern, weil sie ein Mangelempfinden ausgleichen wollen.

b) Die Überkompensation

Mit der Überkompensation schießt der unter dem Minderwertigkeitskomplex leidende Jugendliche über das Ziel hin-

aus. Er will es sich und anderen zeigen, daß er viel mehr wert und zu größeren Leistungen fähig sei als der normale Mensch. Solche Versuche der Überkompensation führen entweder zu erhöhtem Selbstbewußtsein und zu Überheblichkeit oder zum Nervenzusammenbruch. (→ Seite 88.)
Viele überkompensieren ihren Minderwertigkeitskomplex derart, daß sie mit hoch erhobenem Kopf durch die Gegend schreiten und sich mit forschem Auftreten und frechem Benehmen abreagieren. (→ Seite 194.)
Was nützt es aber, wenn ein zuvor schüchterner Mensch sich plötzlich stolz gebärdet und kalt und unnahbar wird? Der Konflikt wird dadurch nicht beseitigt, und Kontakte zu anderen findet er auch nicht.

3. Gibt es eine Heilung?

Die Bewußtmachung der Situation ist nur ein erster Schritt. Es müssen weitere folgen. Auch das Ignorieren und die Selbstsuggestion nützen nichts, denn diese kommen nur einem Verdrängungsprozeß gleich.
Die Heilung hängt von zwei Faktoren ab:
a) von echter Selbsterkenntnis,
b) von rechtem Sich-Einfügen.
Zu a): Zum Selbsterkennen gehört das Aufsuchen der Ursachen und der Hintergründe, die zum verstärkten Minderwertigkeitsgefühl und zum Komplex geführt haben. Dies geschieht am besten im Gespräch mit einem Seelsorger. In der Gegenüberstellung zu Jesus wird das richtige Selbstwertgefühl geschenkt. Er lenkt den Blick vom eigenen Ich weg auf sich selbst — und auf den anderen Menschen. Dadurch wird der Mensch von der Ich-Drehung befreit und kommt aus dem Teufelskreis heraus.
Letzten Endes entspringt schon das Minderwertigkeitsgefühl einer egozentrischen Einstellung, die bereits in den frühkindlichen Phasen durch falsche Erziehung begünstigt wurde.

Zu b): Mit dem Sich-Einfügen ist die rechte Einstellung zum gesamten Leben, zum anderen Menschen, zum Beruf, zum Partner — und vor allem zu Gott — gemeint. Gott verlangt eine rechte Haushalterschaft, keine Superleistungen. Jeder kann mit seinen Gaben und auf die ihm eigene Weise und an seinem Platz dienen und seinen Schöpfer und Retter verherrlichen. Dabei darf er seine Persönlichkeit entfalten. (Vgl. Eph. 4, 13.)
Es gilt zu erkennen, daß die Gnade Gottes gerade im Schwachen und in seiner besonderen Schwäche mächtig werden kann. (Vgl. 2. Kor. 12.)
Hier geht es nicht um Selbstversuche der Kompensation, erst recht nicht um Formen der Überkompensation, sondern darum, daß sich Gottes Gaben und Kräfte im Menschen entfalten und zum Nächsten hin zur Auswirkung kommen. (→ Seite 220.)

Bericht: Minderwertigkeitskomplex — Überkompensation

Udo (16), zweites Kind, leidet unter einem schweren Minderwertigkeitskomplex. Der ältere Bruder wird von der Mutter bevorzugt, weil er „charmant" sein kann und außerordentlich begabt ist. Er hat das Aussehen des verstorbenen Vaters. Schon als kleines Kind wurde der Bruder als der hübschere Knabe von den Verwandten bewundert und bevorzugt.
Udo ist zudem klein von Wuchs und trägt eine Brille. Zunächst schickt er sich in die Rolle des „minderen Bruders", dann aber kompensiert er durch Leistungen in der Schule. Er wird aber bald als Streber gehaßt und gerät zunehmend in Isolierung.
Als sein Bruder in der Schule aufholt, treibt dies Udo zur verstärkten Kompensation und Überkompensation in sportlichen Leistungen. Udo lebt nun fast nur noch auf dem Sportplatz, trainiert verbissen bis zum Rekord im Fünfkampf. Seine schulischen Leistungen fallen zurück, so daß er bald die Schule verlassen muß.
Er hat nur den einen Erfolg erreicht: Er kann seinem Bruder körperlich zeigen, daß er ihm in sportlicher Hinsicht überlegen ist. Trotzdem ist Udo todunglücklich und treibt der Verzweiflung entgegen. In dieser sich zuspitzenden Situation kommt es zur seelsorgerlichen Aussprache und Hilfe.

VI. Identifikation und Projektion

1. Begriffserklärung

Diese tiefenseelischen Funktionen treten besonders in der Zeit der Vorpubertät und während der Pubertät in Erscheinung. Sie bestimmen und prägen das Verhalten der Jugendlichen ganz entscheidend und wirken sich auch im späteren Leben aus.

Was verstehen wir darunter?

Unter Identifikation oder Identifizierung verstehen wir eine tiefenseelische Funktion der Angleichung.

Es handelt sich um eine Form der Ich-Erweiterung, um die Einverleibung von Eigenschaften anderer. Der Jugendliche übernimmt Eigenschaften, Meinungen und Verhaltensweisen anderer Personen und rechnet sie seinem Ich zu. Er schafft sich damit ein „Ideal-Ich" und setzt sich mit dem bewunderten und oft verehrten Gegenüber gleich. Die Vorzüge des anderen werden ein Teil des eigenen Ich. (→ Seite 43; 52; 90.)

Unter Projektion verstehen wir den umgekehrten Vorgang. Es handelt sich beim Projizieren um eine tiefenseelische Funktion der Umweltgestaltung, d.h. um die Verlegung eines Innenvorgangs in die umgebende Welt.

Projektion ist also eine Hinausverlegung eines inneren Geschehens in die Umwelt und damit auch auf andere Personen. Es werden sowohl Meinungen, Erfahrungen, Prägungen, Stimmungen, aber auch Konflikte, Verdrängungsinhalte, Vorgänge und Prozesse des Unbewußten in die Umwelt hinausverlegt und auf andere übertragen. (→ Seite 92.)

2. Die Identifikation

In der Vorpubertät spielen Jungen und Mädchen gern das Erwachsensein. Sie nehmen damit das noch nicht erreichte

Ziel vorweg und „trainieren“ das Erwachsenwerden. Dies geschieht mittels der Funktion der Identifikation. Als Objekte dienen ihnen die Bezugspersonen, Vorbilder und leider auch Idole, d.h. Stars der „Jugendkultur“ und des Sports. Die Vorgänge der Identifikation können freilich nicht auf diese Phasen der Vorpubertät und der Reifung beschränkt werden. Auch Kleinkinder identifizieren sich schon mit ihren Bezugspersonen. Beim Kleinkind geschieht dies mittels des Rollenspiels. Kinder spielen ganz ernsthaft etwa die Rolle des Flugzeugpiloten, aber auch des Flugzeugs selbst und identifizieren sich mit diesen.
Auch Erwachsene identifizieren sich mit anderen Personen, mit Rollen und beruflichen Möglichkeiten. (→ Seite 29; 34.)

3. Wodurch kommt es zur Identifikation?

Identifikation ist ein Mechanismus der Wunscherfüllung und bewirkt also eine Ersatzbefriedigung. Jungen in der Vorpubertät identifizieren sich zum Beispiel mit Erwachsenen, indem sie rauchen und dabei das Imponiergehabe der Erwachsenen übernehmen. Damit wird der Wunsch des Erwachsenseins wenigstens im Vorstellungsbereich erfüllt.
Selbstverständlich gibt es auch positivere Beweggründe der Identifikation. Der sich entwickelnde junge Mensch benötigt unbedingt Identifikationsobjekte und -vorgänge, um reifen zu können. Niemand kann sich ohne Leitbilder, die er bewundert, verehrt und erstrebt, entfalten. Gerade der Jugendliche in der Vorpubertät, aber auch noch während der Pubertät, sehnt sich nach dem Reifwerden und benötigt zugleich eine vorläufige Erfüllung dieses Verlangens durch die Vorgänge der Identifikation. (→ Seite 94.)

4. Identifikation und erzieherische Beeinflussung

Erwachsene, besonders aber Gruppenführer und Jugendleiter, selbstverständlich auch Leiterinnen und Lehrer(innen), müssen sich für diese „Experimente“ des Reifens zur Verfügung stellen. Sie sind die entscheidenden Bezugspersonen und zugleich die wirksamsten Identifikationsträger — und selbstverständlich auch die beliebtesten Identifikationsobjekte.

Als solche haben sie den größten Einfluß auf die heranwachsenden Jugendlichen. Ohne die identifikatorische Haltung der Jugendlichen und die entsprechende Objektbeziehung wäre eine erzieherische Beeinflussung überhaupt nicht möglich.

Gewiß können auch Eltern Identifikationsträger sein. In der Regel setzt sich aber der Heranwachsende — wenigstens zeitweise — vom Elternhaus ab. Auch das Verhältnis zum Lehrer bleibt über die Vorpubertät hinaus nicht lange ungetrübt. (→ Seite 39—43.)

Im Jugendkreis und in der Gruppe aber geschieht das, was in anderen Bereichen absolut nicht mehr funktioniert: das ganzheitliche Reifen und Entfalten auf der Basis der echten personalen Kommunikation.

Der Jugendleiter oder der Gruppenführer vermag den Jugendlichen nicht nur zu begeistern, sondern er kann ihm auch den Meister zeigen in den Bereichen und in den Belangen, die der Jugendliche erstrebt. Gleichzeitig aber ist er auch Kamerad, Freund und älterer Bruder, der den Jüngeren ernst nimmt und ihm hilft, Probleme und Konfliktsituationen zu überwinden.

Jeder, der es mit heranwachsenden jungen Menschen zu tun hat, muß erkennen, welche Möglichkeiten ihm damit in die Hände gegeben wurden und welch hohe Verantwortung er damit übernommen hat. Er muß vor allem wissen, daß die Verehrung und Bewunderung des Jugendlichen ihm gegenüber nur vorübergehend ist. Der Jugendliche wechselt sein Identifikationsobjekt rasch. Um reifen zu können, muß er sich immer wieder lösen. Dennoch kann er mit seinem früheren Identifikationsträger, seinem bewunderten Jugendleiter oder Lehrer, freundschaftlich verbunden bleiben, besonders dann, wenn er selbst Aufgaben im pädagogischen Bereich übernimmt. Der Jugendliche braucht auch weiterhin Rat und Hilfe. (→ Seite 88.)

5. Die Projektion

Jugendliche während der Pubertät leiden in besonderer Weise unter der Gespaltenheit. Sie sind zerrissen und verunsichert. Nicht nur die Umwelt steckt für sie voller Probleme, sondern sie verstehen sich selbst nicht. Unter diesen Umständen kommt es zur Projektion, zur Übertragung von Gefühlen, Konflikten, Stimmungen, von Gereiztheit und von Aggressivität, aber auch von Minderwertigkeits- und Schuldkomplexen auf andere.
Der Jugendliche verschafft sich dadurch Erleichterung. Er versucht, sich auf Kosten seines Gegenübers zu entlasten. (→ Seite 41; 93; 187.)
Aber auch der Erwachsene ist durch seine Projektionen mit der Umwelt verbunden und verflochten. Er lebt — wie der Jugendliche — in seinen Projektionen.
Die Projektion ist eine tiefenseelische Funktion der Umweltgestaltung. Sie ist ein unbewußter Vorgang. Der reife Mensch vermag es, sich seine Projektionen und vor allem die Inhalte bewußt zu machen. Auch der Jugendliche muß es lernen, seine Projektionen der Kontrolle zu unterwerfen. Hier spielt das Gewissen die entscheidende Rolle. Vor allem muß geprüft werden, ob Projektionen die Wirklichkeit verfälschen und verändern.
Ein reifer Mensch ist in der Lage, sich von seinen Projektionen, die er sich bewußt macht und vom Gewissen her prüft, zu distanzieren. (→ Seite 47; 153.)

6. Projektion und erzieherische Beeinflussung

Gruppenführer, Jugendleiter und Lehrer(innen) haben die Möglichkeit, diese Projektionen aufzufangen. Soweit sie die

Belastung der Übertragung auf sich nehmen können, sollen sie sich vorübergehend ruhig zum Projektionsobjekt machen lassen.

Der Jugendliche projiziert zunächst aus seiner eigenen Ambivalenz (Zwiespältigkeit) heraus. Der Erwachsene kann ihm diese oft verbissene Welt- und Menschenfeindlichkeit durch Zuhören abnehmen. Er muß ihm dann freilich auch gezielt antworten. (→ Seite 210; 215.)

Der Jugendliche sucht diese Auseinandersetzung, weil sie ihm zunächst „ein Stück" Freiheit vermittelt. Er will nämlich im Grunde aus seiner Selbst- und Weltverneinung ausbrechen. Er will zu sich selbst kommen und die Wirklichkeit auch akzeptieren. Dies schafft er dann, wenn er sich heimlich mit der Meinung seines Gegenübers und mit diesem selbst identifizieren kann. Solches geschieht in der Kommunikation, in der sich der Erwachsene „hergibt". (→ Seite 42.)
Es gibt Jugendliche, die aus ihrer zwiespältigen Situation heraus zu einer Selbstüberschätzung kommen und eine fanatisch-idealistische Verhaltensweise demonstrieren. Es sind die verbissenen Asketen, die einsam auf ihren „Höhenwegen" wandern und denen nichts radikal genug sein kann. Auch hier kann der Erwachsene die Übertragung, d.h. die Projektion auf sich, zulassen, um im rechten Augenblick korrigierend einzugreifen. Der Jugendliche erwartet diese Korrektur seiner überspitzten Einstellung und seiner überhöhten idealistischen Forderungen, denen er ja selbst nicht entsprechen kann und die ihn zermürben.

Gruppenführer und Jugendleiter können — wenigstens vorübergehend — zu Therapeuten werden, die zunächst solche Übertragungen akzeptieren, im rechten Augenblick aber eingreifen, um die Übertragung wieder zu lösen und sie dem Jugendlichen bewußt zu machen. (→ Seite 94.)

Jugendliche übertragen aber auch Enttäuschungen und Schädigungen aus der Kindheit auf andere. Wenn es dem Jugendleiter gelingt, diese Vorgänge und vor allem die Hin-

tergründe zu erforschen und zu erkennen, kann er den Jugendlichen von diesen Fehleinstellungen und Schädigungen befreien. Er muß dann vorübergehend die Position der früheren Bezugspersonen übernehmen. In einem regelrechten Lernprozeß kann der geschädigte Jugendliche dann eine neue Einstellung und Verhaltensweise gewinnen.
Erst nach einem erfolgreichen Lern- und Heilprozeß kann die Übertragung, die zuvor auf den Jugendleiter projiziert wurde, gelöst werden.
Entscheidend dafür ist die persönliche Reife des Jugendleiters, der als Seelsorger Seelsorge unter den Augen Jesu treibt und seinen Jugendlichen zur Begegnung mit Christus verhilft. (→ Seite 215—216.)
In schweren Fällen müssen Gruppenführer und Jugendleiter sachkundige und erfahrene Seelsorger, Psychologen oder Therapeuten zu Hilfe nehmen oder den Jugendlichen dorthin überweisen.

Bericht: Identifikation — Projektion

Ines (13) spielt in der Gruppe die Rolle der Außenseiterin. Sie läßt sich meistens nur widerwillig auf gemeinsame Unternehmungen ein, sitzt aber fast täglich bei der Gruppenleiterin.
Dort ist sie ganz groß in Form. Sie erzählt pausenlos, hilft aber auch im Haushalt mit und liest der Leiterin jeden Wunsch von den Augen ab. Ines verhält sich aber nur dann so positiv, wenn sich die Leiterin ihr voll zuwendet. Ines will sie ganz für sich haben. Die Leiterin ist das Objekt ihres Schwärmens und ihrer totalen Zuneigung. Was die Leiterin sagt, nimmt Ines wie Evangelium auf, was sie tut, findet ihre uneingeschränkte Bewunderung und Nachahmung.
Ines identifiziert sich mit der Leiterin, sie projiziert aber auch ihre Sehnsucht, ihre Wünsche und ihre Ideale auf sie. Sie befindet sich in einem narzistischen Stadium und liebt eigentlich nur sich selbst. Die Leiterin ist einerseits das Objekt ihrer Liebe und doch nur das verlängerte Ich. Andererseits wird die Leiterin zur Ich-Erweiterung benutzt, das heißt die Werte und Eigenschaften der Leiterin werden dem Ich einverleibt.

Wenn sich die Leiterin anders verhält, als Ines erwartet, und sich scheinbar zurückhält, reagiert Ines hysterisch. Sie wirft Gegenstände kaputt oder verschwindet plötzlich und wird erst nach Stunden gefunden.

7. Identifikation, Projektion und narzißtische Liebe

Neben den Vorgängen der Identifikation, die durch das noch schwache Ich des Jugendlichen bedingt sind, dem Wunsch nach Übereinstimmung von Ich und Ichideal entsprechen und der Selbstfindung dienen, besteht auch das starke Verlangen nach Befreiung. Der Jugendliche will frei sein, um sich selbst zu finden. Er will zu sich selbst befreit werden. Darum projiziert er ständig, denn er haßt die Fremdzwänge noch mehr als die Eigenzwänge. Diese Befreiungsversuche müssen vom Erwachsenen zwar kritisch betrachtet, aber dennoch unterstützt werden. Dazu ist der Dialog notwendig, denn die Projektionsinhalte und -vorgänge müssen bewußtgemacht werden, damit der Jugendliche nicht lustlos in seinen Ablösungsprozessen steckenbleibt, sondern es lernt, sich selbst zu erkennen, seine Motive, Aktionen und Reaktionen zu kontrollieren.

Dabei wird er nicht nur die Zwänge aus der eigenen Tiefe, sondern vor allem sein Verhaftetsein an sich selbst erkennen müssen. Die narzißtische Denk- und Verhaltensweise, die extreme Selbstliebe, ein Charakteristikum der Pubertät, verhindert nämlich genau so den Reifeprozeß wie die durch Überidentifikation zustande gekommene Fixierung an eine Bezugsperson oder an ein Idol.

Die überstarke Ichbezogenheit (Narzißmus) ist normalerweise eine Übergangserscheinung, die durch eine reife Objektliebe abgelöst werden sollte. Doch heute ist sie leider eine durchgehende gesellschaftliche Erscheinung. Viele Menschen bleiben über die Pubertät hinaus Narzißten, die nur auf umfassende Selbstbefriedigung bedacht sind. Hermann Hesse nennt sie die „Kindermenschen", die ihrem Ich-Gefängnis nicht entrinnen können und der Diktatur des Lustprinzips verfallen bleiben.

Typenpsychologie

I. Typisieren aus dem Stegreif?

Wie kann man seinen eigenen Typ feststellen? Und wodurch läßt sich der andere typisieren?

Es gibt ganz einfache Möglichkeiten. Wer zum Beispiel eine Musiksendung hören — und gleichzeitig ein Buch mehr oder weniger intensiv lesen kann, der besitzt ein wesentliches Merkmal des schizothymen Charaktertyps. (→ Seite 102—105.)

Der Schizothyme kann nämlich gleichzeitig verschiedene Sinneseindrücke aufnehmen und getrennt speichern. Er spaltet die Sinneseindrücke automatisch in ihre Bestandteile auf. Sie stören sich dabei keineswegs. Der Schizothyme — dieser Begriff drückt das Gespaltensein aus — ist ein ausgesprochener Analytiker, der alles zerlegen will, um es zu begreifen.

Man kann sich weiter testen und dabei prüfen, wie es um die Konzentrationsfähigkeit bestellt ist. Ist sie ausgesprochen gut — oder schlecht? Bekanntlich klagen viele Jugendliche über mangelnde Konzentrationsfähigkeit. Manche verfügen darüber ohne weiteres.

Auch hier gibt es Anhaltspunkte: Der Schizothyme hat es in dieser Beziehung viel leichter. Er kann sich nicht nur gut konzentrieren, er kann auch bei der Sache bleiben. Er verfolgt ein Ziel beharrlich und verfügt auch beim Lernen über Ausdauer und Hingabevermögen.

Die Typenmerkmale werden auch beim Spielen sichtbar. So verlangen Lehrer oder Gruppenführer von ihren Schülern oder ihren Gruppenmitgliedern, daß sie ein bestimmtes Ereignis aus der Geschichte, eine Erzählung oder auch einen Bibelabschnitt, in der kurzen Form eines Zeitungsberichtes wiedergeben sollen. Dabei geht es um eine prägnante Darstellung, die alles wegläßt, was nicht unbedingt dazugehört. Wesentliches soll also vom Unwesentlichen getrennt werden. Diese Aufgabe wird mit einer zeitlichen und räumlichen Begrenzung gegeben.

Auch hier handelt es sich um einen Test. Die abgefaßten Berichte werden nach den Prinzipien der inhaltlichen Konzentration beurteilt. Die Teilnehmer müssen vor allem abstrahieren können.

Wer differenzieren und abstrahieren kann, verfügt nicht nur über ein höheres Grad von Intelligenz, sondern er trägt weitere wesentliche Merkmale des schizothymen Typs an sich. Der entgegengesetzte Typ, der nach Kretschmer als „zyklothym" bezeichnet wird, besitzt diese Merkmale kaum. Er ist weder Analytiker, der alles zu trennen vermag, noch liegt ihm das Abstrahieren. Der Zyklothyme — dieser Begriff kennzeichnet die „runde Veranlagung" — hat große Mühe, seine vielfältigen Gedanken zu ordnen und in ein Schema zu bringen. In Gesprächen bleibt der Zyklothyme nicht gern bei seinem Thema, doch kehrt er immer wieder dahin zurück. Er kann auch abschweifen und bei Episoden hängenbleiben. Gedankenverknüpfungen verführen ihn zum schier endlosen Plaudern. (→ Seite 106—109.)

Wer ihn von daher noch nicht kennen sollte, kann diese Verhaltensweise spätestens beim Testspiel erfahren. In der nachfolgenden Diskussion beklagen sich solchermaßen veranlagte Jugendliche dann gern über die Unmöglichkeit der zeitlichen Begrenzung und über die räumlichen Vorschriften. Schüler werden zum Beispiel bei Aufsätzen und anderen Klassenarbeiten nie fertig.

Der zyklothyme Typ hat aber auch Vorzüge. Er ist im Gegensatz zum Schizothymen ein Synthetiker, der immer das

Ganze sieht. Sein Erkennen und sein Denken sind ganzheitlich. Deshalb reagiert er auch weniger hart und konsequent, wenn er diskutiert. Er versucht stets zu vermitteln. Sein Diskussionsstil ist also weniger auf Streit angelegt, sondern friedlich.
Schizothyme werfen dem Zyklothymen oft Mangel an Gründlichkeit und Exaktheit vor. Sein Denken und sein Darstellen sind weniger exakt. Er ist leicht abzulenken und hat große Mühe, seine Gedanken bis zum Anfang zurückzuverfolgen oder die Hintergründe einer Sachlage aufzudekken. Er „umkreist" eine Idee und versucht, sie durch Hinzunahme von neuen Aspekten und durch Erfahrungswerte darzustellen. Ähnlich verhält es sich mit Problemen.
Dem schizothymen Typ wirft er abstraktes Denken vor, das im Theoretischen steckenbleibt und am Leben vorbeigeht.

Sich selbst und andere Menschen nach solchen und weiteren Merkmalen zu typisieren, ist ein uraltes Verfahren. Von der Unterscheidung nach körperlichen Besonderheiten ausgehend, ging man bereits im Altertum dazu über, die Menschen auch nach bestimmten seelischen Eigenschaften zu typisieren und stellte entsprechende Schemata auf. Die Einordnung in ein System sollte eine bessere Übersicht ermöglichen.
Es gibt verschiedene Typenlehren, die alle mehr oder weniger umstritten sind. Diese Typologien überschneiden sich vielfach. So zum Beispiel haben C.G.Jung und E.Kretschmer etwa zur gleichen Zeit, jedoch völlig unabhängig voneinander, zwei Typologien entwickelt, die zwar ganz verschiedene Ausgangspositionen einnehmen, sich im Endergebnis aber sehr nahe kommen.

II. Die Typenlehre nach Ernst Kretschmer

Die bekannteste Typologie, die auch breiteste Anerkennung gefunden hat, ist die Typenlehre des Tübinger Psychiaters Ernst Kretschmer. Er gelangte auf Grund seiner Beobachtungen und Forschungsergebnisse zu drei Grundtypen gesunder Durchschnittsmenschen, die er nach Temperamenten bzw. nach Charakteranlagen unterschied:

1. Der schizothyme, 2. der zyklothyme, 3. der visköse Typus. Bei dieser Typisierung ging Kretschmer vom Verhalten psychotisch erkrankter Menschen aus. Er beobachtete und untersuchte sie allerdings vor dem Ausbruch der Psychosen oder während gesunder Zwischenperioden.

Die Psychiatrie kennt unter verschiedenen Formen drei gut unterscheidbare seelische Störungen, die früher als „Geisteskrankheiten" bezeichnet wurden:

1. Den Formenkreis der Schizophrenie (Spaltungsirresein),
2. das zirkuläre Irresein (Wechsel von Manie und Depression),
3. die Epilepsie (Fallsucht).

Zu 1.: Schizophrene leiden unter der Abspaltung von Bewußtseinsinhalten, die selbständig werden. Sie identifizieren sich mit dieser Abspaltung, halten sich selbst für andere Personen und verlieren den Bezug zur Wirklichkeit.

Die nicht krankhafte Form dieser zur Gespaltenheit neigenden Typen bezeichnet Kretschmer als „schizothym", die Zwischenstufe als „schizoid" — die Krankheitsform als „schizophren".

Zu 2.: Die manisch-depressiven Menschen sind durch zwei gegensätzliche Stimmungslagen gekennzeichnet. Dabei kann die eine ständig vorherrschen. Es können aber auch beide Stimmungslagen ständig wechseln. Solche Menschen befinden sich oft in einer krankhaft heiteren Stimmung, die unabhängig von äußeren Ursachen auftritt. Diese sich bis zur Raserei steigernde Manie wird oft von einem übertriebenen Selbstbewußtsein begleitet.

Die gegensätzliche Stimmungslage äußert sich in Schwermut, verbunden mit Selbstvorwürfen und Antriebsschwäche. Die nicht krankhafte Form bezeichnet Kretschmer als „zyklothym“, die Zwischenstufe als „zykloid“ und die krankhafte Form als „manisch-depressiv“.

Zu 3.: Die andere Gruppe von Kranken leidet unter epileptischen Anfällen und unter Hysterie. Beide Krankheitsformen sind dadurch gekennzeichnet, daß sich bestimmte Krankheitsäußerungen (Symptome) in ihrer Stärke bis zu einem Höhepunkt steigern und dann plötzlich abbrechen. Kretschmer bezeichnet die gesunde Form als „viskös“, die Zwischenform als „epileptoid“, die krankhafte als „epileptisch“.

Kretschmer hat diesen Charakterformen die entsprechenden Körperbautypen zugeordnet. Diese Zuordnung ist wissenschaftlich sehr umstritten. Dennoch ist ein Zusammenhang unbestreitbar:

Der schizothymen Charakterform entspricht oft der leptosome, d.h. schmalwüchsige, hagere Körperbau. Leptosome sind im Durchschnitt größer als die Pykniker, schlanker und schmächtiger. Ihre Kopfform ist länglich und schmal, ihr Gesicht lang und eiförmig, das Profil gewinkelt.

Der zyklothymen Charakterform entspricht oftmals der pyknische, d.h. der gedrungene, breite Körperbau. Pykniker sind „wohlbeleibt“. Die psychisch „Runden“ sind also auch körperlich rund. Diese Rundlichkeit ist bereits im Knochenbau (Brustkorb, großes Becken) vorgegeben. Das Gesicht der Pykniker ist breit, schildförmig, der Hals ist kurz und massiv.

Die visköse Charakterform entspricht oft dem athletischen, d.h. muskulösen Körperbau. Athletiker haben breite Schultern, eine kräftige Halspartie, einen stattlichen Brustkorb. Sie sind ausgesprochene Kraftmenschen.

Tabelle: Körperbau und Charakterform

Körperbau-typus:	Charakterform:		
	gesunde Form	Zwischenstufe	krankhafte Form
schmalwüchsig (leptosom)	schizothym	schizoid	schizophren
breitwüchsig (pyknisch)	zyklothym	zykloid	manisch depressiv
muskulös (athletisch)	viskös	epileptoid	epileptisch

III. Kennzeichnung der Charaktertypen nach Kretschmer

Vorbemerkung: Was verstehen wir unter einem Typ?

Das Wort Typus (von griechisch: Schlag, Prägung, Muster) bezeichnet die charakteristische Prägung der Persönlichkeit, die für eine Gruppe von Menschen eigentümlich ist. Bei der Typisierung werden einzelne Eigenschaften oder Prägungen herausgestellt, andere übersehen. Dies bedeutet eine Verallgemeinerung. Und hier setzt auch die Kritik ein. Typologien sind Hilfskonstruktionen, die eine bessere Erfassung eines Menschen und eine bessere Übersicht über die verschiedenen Charakterformen ermöglichen. (→ Seite 125—128.)

1. Der schizothyme Typus (Charakterform)

Allgemeine Merkmale:

Der schizothyme Typus ist verschlossen und undurchsichtig. D.h. er trägt eine Maske, die sein Innenleben nicht erkennbar werden läßt. Er ist unzugänglich und in sich gekehrt. Er neigt zu extremen Verhaltensweisen. Es gibt bei ihm also keine „goldene Mitte“ zwischen polaren Gegensätzen. In seinen extremen Formen erlebt man diesen Typus als gefühlsarm, kalt, aber zugleich auch als strebsam, zielbewußt und ehrgeizig.

Das Temperament

Aus der Vielfalt der Schattierungen ergeben sich folgende Merkmale:
Der Schizothyme hat eine springende Temperamentskurve. Sein psychisches Tempo kann sprunghaft und dann auch wieder zäh sein. Die Zähigkeit zeigt sich in den verschiedenen Formen: Ausdauer, energisches Festhalten, störrischer Eigensinn, Konsequenzmacherei, Pedanterie.
Die Sprunghaftigkeit kann bis zur Haltlosigkeit gehen. Diese springende Temperamentskurve macht das Verhalten des Schizothymen unberechenbar.

Die polaren Gegensätze

Es gibt innerhalb des schizothymen Typus zwei extreme Gegensätze:
1. Es gibt Menschen, deren Verhalten ganz vom Verstand geprägt und beherrscht wird —
2. und es gibt Menschen, bei denen die Phantasie überwiegt.

Extremformen:

Der Verstandestyp	*Der Phantasietyp*
lebt auf dem Boden der Wirklichkeit,	lebt in einer anderen Welt für sich,
	ist schüchtern, scheu
ist selbstbewußt	sucht Geborgenheit
gefühlskalt	gehemmt
willensstark	grüblerisch, ungesellig
beherrschend	zum Maßlosen neigend
asketisch	emotional — oder zurückgezogen, kalt
sachlich	

Gegensätze der Empfindlichkeit:

hart	gefühlvoll
starr	reizbar
stumpf	überempfindlich
kalt	überzart

Der Schizothyme verharrt nicht unbedingt bei einem Pol bzw. in einer bestimmten Extremform, sondern er kann sich zwischen beiden Polen bewegen. Er ist also beides in Abwechslung.

Das Innenleben

Das Innenleben ist gekennzeichnet durch Kompliziertheit und Disharmonie. Die Neigung zur Komplexbildung ist stark. Der Schizothyme leidet stärker unter dem Druck seines Über-Ich als der Zyklothyme und neigt dadurch stärker zur Gespaltenheit. Er neigt auch stärker zum Egozentrismus als die anderen Typen. Sein Denken und Fühlen kreist überwiegend um sich selbst. Er kommt nur schwer aus dem „Gefängnis“ seines eigenen Ich heraus und leidet besonders unter den Spannungen und Triebkonflikten im Unbewußten. (→ Seite 73—82.)

Die Denkweise

Wir müssen zwischen dem schizothymen Verstandestyp und dem schizothymen Phantasietypus unterscheiden. Der Verstandestyp neigt zur abstrakt-systematischen Denkweise. Dabei überwiegen die Analytiker. Ihr Denken besteht in Akten der Auflösung und des Zerlegens. Der Verstandestyp bevorzugt das „bohrende" Denken. Das heißt: Er gibt sich mit keiner Antwort zufrieden. Er sucht die Wahrheit, will sie im Grunde aber nicht finden. Er bohrt „horizontal" und will keine abschließende Antwort erhalten. Viele zeichnen sich auch durch eine überspannte, fanatische Denkweise aus. Der schizothyme Phantasietyp dagegen ist durch eine mehr traumhaft-romantische Denk- und Verhaltensweise gekennzeichnet.

Die Gefühlsäußerungen

Der Schizothyme ist oft gehemmt und gesperrt. Er kann Gefühle nur schlecht äußern. Wenn es aber doch zu einer Äußerung kommt, dann entspricht diese oft nicht den Reizen. Ein solcher Ausbruch ist unter Umständen unerwartet stark. Oft aber bleiben Gefühlsausbrüche ganz aus. Das vorherrschende Stimmungsbarometer schwankt zwischen empfindlich und kühl.

Die Kontaktfähigkeit

Der Schizothyme ist ausgesprochen ungesellig oder nur oberflächlich gesellig. In seiner Partnerwahl ist er sehr wählerisch. Es ist ihm abzuspüren, daß er oft lieber mit sich allein wäre. Die Gespräche verlaufen dann nur mühsam, schleppend.

Und doch hat der Schizothyme auch ein starkes Bedürfnis nach Liebe und Freundschaft. Doch jeder Kontakt bedeutet für ihn gleichzeitig eine Anstrengung, vor der er sich fürchtet. Er zieht sich gern zurück und meidet vor allem große Gruppen oder Veranstaltungen mit Massencharakter.

Das Verhältnis zur Gruppe (Gruppenfähigkeit)

Ein Schizothymer kann sich nur sehr schlecht anpassen oder einordnen. Trotzdem sucht er die Gruppe aus einem starken Bedürfnis nach Geborgenheit heraus. Er taut erst nach längerer Zugehörigkeit zu einer Gruppe allmählich auf. Oft bleibt er eine Randfigur, vor allem dann, wenn es ihm nicht gelingt, seine Rolle zu finden.
Funktionen innerhalb der Gruppe nimmt er mit einer Ausschließlichkeit wahr, die seinen Machtanspruch deutlich werden läßt. Er verfügt über Ideenreichtum, mit dem er die Gruppe bereichern kann. Der Verstandestyp ist in der Lage, eine Situation blitzschnell zu erfassen und entsprechende Urteile abzugeben. Der Phantasietyp hingegen bereichert eine Gruppe mit seinen künstlerischen Gaben. (→Seite 119.)

Die Diskussionsfähigkeit

Der schizothyme Typus theoretisiert gern. Er spricht lange Zeit überhaupt nicht, ergreift dann plötzlich das Wort und ergeht sich in endlosen Reden. Er wirft seine Meinungen wie apodiktische Sätze in den Raum und ist nicht zu Kompromissen bereit. Den anderen wirft er vor, nicht gründlich zu denken.
Der Schizothyme bringt seine Beiträge oft in einer verletzenden, ironischen Weise vor. Mit Vorwürfen spart er nicht. Vor allem weist er nach, daß die Diskussion nicht zu Ergeb-

nissen führt, stimmt aber selbst keiner Synthese zu, sondern beharrt auf seiner Meinung. Er formuliert präzis, neigt oft aber auch zur Sprunghaftigkeit.

2. Der zyklothyme Typus (Charakterform)

Allgemeine Merkmale

Der zyklothyme Typus ist durch sein Gemüt geprägt, das sich zwischen heiterer und trauriger Gestimmtheit bewegt. Zu diesem Typus gehören Menschen, deren Affektivität (Gefühlsleben) stark ausgeprägt ist. Solche Menschen sind — wie man heute etwas abwertend sagt — emotional. Sie sind dabei aber warmherzig, mitfühlend, gutmütig und vor allem sehr gesellig.
Der zyklothyme Typus gilt als konservativ, seßhaft und schwerfällig, aber auch als realistisch. Solche Menschen haben in der Regel keine ausgeprägte Fassade, sondern geben sich, wie sie sind, also ganz natürlich. Man weiß bei ihnen stets, woran man ist. Dabei besitzen sie Sinn für Humor und Ursprünglichkeit. Ausdauer, Härte und Zielstrebigkeit findet man bei ihnen seltener. Vorübergehend können sie sich jedoch tatenfreudig für eine Idee oder für eine Sache einsetzen.

Das Temperament

Der Zyklothyme hat eine schwingende Temperamentskurve zwischen beweglich und behäbig, schwerblütig. Auch bei diesem Typ gibt es Charaktere, die sich zwischen diesen extremen Polen bewegen. Besser gesagt: Sie schwingen hin und her. Es gibt aber auch Menschen, bei denen die eine oder die andere Einstellung bleibend vorherrscht. Wir unterscheiden zwei extreme Neigungen bzw. Einstellungen:

Die polaren Gegensätze:

heiter (manisch)	*traurig (depressiv)*
beweglich	behäbig
aufgeregt	schwerblütig
optimistisch	pessimistisch
geschäftig	untätig
wagemutig	verharrend
umgängig	gehemmt
vermittelnd	starr
freundlich	zurückhaltend

Das Innenleben

Der Zyklothyme wendet sich im Gegensatz zum Schizothymen nach außen. Er ist — aus seiner Harmonie heraus — fähig, auf den anderen zuzugehen. Die Neigung zur Komplexbildung ist gering.

Die Denkweise

Der Zyklothyme verfügt in der Regel über eine rasche Auffassungsgabe. Sein Gedankenablauf ist flüssig, aber auch weitschweifig. Im Gegensatz zum schizothymen Typus denkt er synthetisch-ganzheitlich und hat große Freude am Kombinieren. Exaktes, systematisches Ordnen seiner Gedanken fällt ihm schwer. Dafür ist sein Denken und seine Ausdrucksweise anschaulich, lebendig. Er hat vor allem die Fähigkeit, aus dem Augenblick heraus zu improvisieren. Dies trägt ihm die Kritik der Schizothymen ein, die auf Exaktheit und Gründlichkeit pochen.

Die Gefühlsäußerungen

Die Gefühlsäußerungen entsprechen den Reizen. Der Zyklothyme ist abhängig von seiner Umgebung, von der jeweiligen Situation und von den Reizen, denen er ausgesetzt ist. Seine Stimmung entspricht der „Farbe“, die er aufnimmt. Fröhlichkeit steckt ihn an und vermag hohe Wellen zu schlagen. Umgekehrt kann Traurigkeit den Zyklothymen zur Schwermut führen, die er in der Regel aber wieder rasch abreagiert, um dann wieder fröhlich zu sein wie zuvor.

Die Kontaktbereitschaft

Der zyklothyme Typus ist aktiv gesellig. Er sucht immer und überall Kontakte und freut sich über jede Möglichkeit zum Gespräch und zu gemeinsamen Unternehmungen. Er benimmt sich dabei ganz natürlich, zuweilen auch überschwänglich. Er neigt dazu, anderen das Vertrauen zu schenken. Selbst wenn er enttäuscht wird, versucht er doch immer wieder, den Bogen zum anderen zu schlagen. Er ist auf das Gegenüber angewiesen.
Diese Verhaltensweisen können allerdings ins Gegenteil umschlagen. In der traurigen, depressiven Gestimmtheit ist der Zyklothyme vorübergehend zurückhaltend, gehemmt und untätig.

Das Verhältnis zur Gruppe (Gruppenfähigkeit)

Der zyklothyme Typus kann sich sehr schnell und gut anpassen. Oft ist er der Mittelpunkt und der Motor einer Jugendgruppe. Er steht gern im Vordergrund und hört sich auch gern reden. Zuweilen packt ihn der „Katzenjammer“, aber nach einem Gefühlsausbruch ist diese vorübergehende Stimmung wieder behoben. Seine emotionale Verhaltensweise bringt manche Unruhe in den Jugendkreis. Diese Spannungen können dazu mithelfen, die Gruppe lebendig zu erhalten. Der Gruppenführer muß allerdings um den Ausgleich bemüht sein. (→ Seite 115.)

Die Diskussionsfähigkeit

Der Zyklothyme neigt dazu, die Diskussion an sich zu reißen. Dabei besteht bei ihm die Gefahr des Abschweifens und der Verzettelung. Seine Redseligkeit verhindert oft den Aufbau einer Diskussion. Seine Beiträge bringt er gern in witziger Form vor und erhält deshalb viel Beifall und Anerkennung. Trotzdem muß sich der Diskussionsleiter bemühen, ihn schonend in seine Grenzen zu weisen. Im Gegensatz zum Schizothymen neigt der Zyklothyme mehr zu Kompromissen und ist um die Synthese bemüht.

3. Der visköse Typus (Charakterform)

Allgemeine Merkmale

Der visköse Typus liegt etwa in der Mitte zwischen den beiden anderen Typen, hat aber auch spezifische Eigenschaften aufzuweisen.

Er zeichnet sich durch seine Reaktionsarmut gegenüber den Umweltreizen aus. Der Visköse ist dem Wesen nach langsam, bedächtig und ruhig. Diese Wesensart zeigt sich in Gebärde, Mimik und im Gang. Seine Bewegungen sind verhalten, sparsam, unbeholfen, schwerfällig und manchmal sogar plump. Der visköse Typus ist in der Regel gleichbleibend ruhig, in schwierigen Situationen unerschütterlich. Sein Verhalten wird von anderen oft als stur empfunden. Viele meinen, daß der Visköse niemals aus der Ruhe zu bringen sei. Darin täuschen sie sich, denn diese typische Wesensart kann plötzlich umschlagen. Es kommt dann unerwartet zu schweren explosiven Gefühlsausbrüchen. Sie klingen jedoch schnell ab.

Das Temperament

Der Visköse hat eine zähe Temperamentskurve, das heißt: Er verharrt in Stimmungen. Es gibt allerdings — wie bei den anderen Typen — eine unübersehbare Menge von Temperamentsschattierungen durch Überlagerungen und Verschiebungen der polaren Gegensätze und durch individuell-vererbte spezifische Charaktertönungen.
Beim Viskösen liegen diese Schattierungen zwischen den polaren Gegensätzen explosiv und phlegmatisch.

Die polaren Gegensätze:

epileptisch	*hysterisch*
explosiv	phlegmatisch
kämpferisch	friedsam
zornig, abweisend	anlehnungsbedürftig

Das Innenleben

Das Innenleben des Viskösen ist unkompliziert, einfach. Er neigt weniger zum Nachdenken über sich selbst und läßt auch Konflikte weniger auf sich wirken als etwa der schizothyme Typus. Die Verdrängungsneigung allerdings ist ausgeprägt vorhanden. Die dabei entstehende Verdrängungsenergie, die sich durch affektive Aufstauung und durch Triebgegensätze verstärkt, ruft Zwiespältigkeit, Hemmungen und schwere Gefühlsausbrüche hervor. (→ Seite 82.)

Die Denkweise

Das Denken des viskösen Typus ist gekennzeichnet durch langsames Auffassen und durch Gedankenschwere. Er bleibt an Vorstellungen und Erkenntnissen hängen. Auch in seinem Reden kommt er immer wieder auf sein gewohntes Denken und auf seine üblichen Formulierungen zurück. Seine Phantasie ist schwach ausgebildet. Dafür denkt und handelt der Visköse nüchtern und praktisch.

Die Kontaktfähigkeit

In dieser Beziehung neigt der Visköse stärker zu den Verhaltensweisen des schizothymen Typus. Auch er ist passiv gesellig oder ganz ungesellig. Mindestens aber ist er zurückhaltend. Hat er sich jedoch für eine Partnerschaft entschlossen, dann ist er anhänglich und verläßlich.

Das Verhältnis zur Gruppe

Was der visköse Typus anpackt, das macht er gründlich. Er ist ein ausgesprochener Praktiker, der keine langen Diskussionen liebt und seine Aufgaben lieber allein durchführt. Er hat eine ungewöhnliche Ausdauer.
Führende Tätigkeit liegt ihm weniger, dazu fehlt ihm die Phantasie und die Wendigkeit. Vorübergehend vermag er vor allem Jüngere mit seinen sportlichen Leistungen zu begeistern. Gerade in der Vorpubertät kommt es auf diese Weise zu guten Kontakten. (→ Seite 89—92.)
Jugendliche, die zu dem viskösen Typus gezählt werden können, lassen sich relativ gut in eine Gruppe einordnen. Allerdings sind sie kaum aufbauende Elemente, weil sie nicht über Dynamik und Ideenreichtum verfügen.

Die Diskussionsfähigkeit

Visköse Typen können zur Diskussion nur wenig beitragen. Sie sind gute Zuhörer, die nur selten und dann recht trocken auf Verlangen ihre Meinung abgeben. Dafür sind sie gute Praktiker.

IV. Die Typenlehre nach Carl Gustav Jung

1. Introversion und Extraversion

Der Tiefenpsychologe Carl Gustav Jung unterscheidet in seinem Typensystem zwei Haupttypen:

a) den introvertierten Typus, b) den extravertierten Typus. Was versteht Jung unter diesen Begriffen? Was besagen sie?

Unter Introversion versteht Jung die Einwärtswendung der Libido, das heißt der Seelenenergie eines Menschen. Diese Libido steuert auch sein Interesse.
Aus dieser Einwärtswendung ergibt sich gleichzeitig mehr oder weniger eine Abwendung vom äußeren Objekt und damit eine negative Verhaltensweise diesem gegenüber. Unter Objekt haben wir ein menschliches Gegenüber oder aber auch eine Sache bzw. die Umwelt zu verstehen.
Der Introvertierte verhält sich der Umwelt gegenüber reserviert oder gar ablehnend. Bei ihm ist das Subjekt — also er selbst — der motivierende Faktor. Mit anderen Worten: Das, was den Introvertierten zum Denken, Fühlen und Handeln antreibt, liegt in ihm selbst. Andere vermögen ihn kaum oder mindestens nicht stärker in Bewegung zu versetzen, als das eigene Ich dies tut. Hinter dem Ich sitzt Energie. Diese zieht sich auf das eigene Ich, auf das Subjekt zurück.
Von einer aktiven Introversion spricht man, wenn das Subjekt sich bewußt vom Objekt fernhält und sich vor ihm abschließt.
Eine passive Introversion liegt vor, wenn es das Subjekt nicht vermag, die vom Objekt ausströmende Energie wieder an das Objekt zurückzugeben.
Bei der Extraversion liegt nun das Gegenstück vor, nämlich das Gerichtetsein der Libido und damit des Interesses nach außen. Anders ausgedrückt: Das Subjekt bezieht sich stark auf das Objekt und damit auf die andere Person und auf die Umwelt überhaupt.

Ein Extravertierter ist auf sein Gegenüber hin motiviert. Er fühlt, denkt und handelt auf das Objekt hin. Seine Einstellung zum Objekt ist eindeutig positiv. Die Beziehung des Extravertierten wird sehr stark von seinem Gegenüber geprägt und getragen.
Von einer aktiven Extraversion kann man sprechen, wenn diese bewußt vom Subjekt ausgeht. Von einer passiven Extraversion spricht man dann, wenn das Objekt, also die andere Person oder die Umwelt, das Interesse des Subjekts erzwingt oder mindestens anzieht.

Skizze: Der introvertierte und der extravertierte Typus

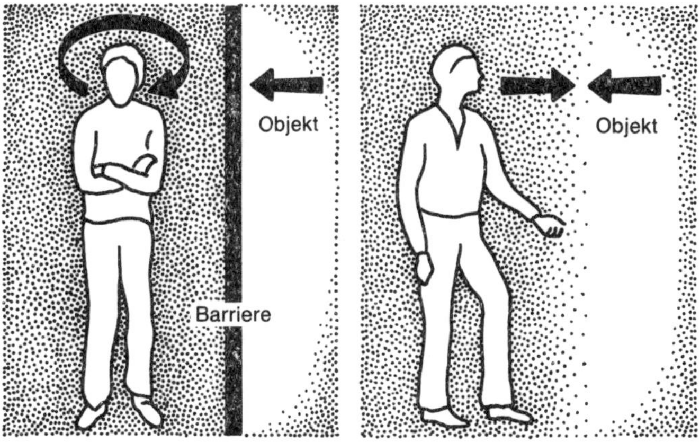

2. Einstellung und Typus

Zunächst verfügt jeder Mensch über introvertierte und extravertierte Eigenschaften. Es handelt sich zunächst noch um Einstellungen. Solange eine bestimmte Einstellung nicht eindeutig vorherrscht und noch ein ständiger Wechsel stattfindet, kann noch nicht vom eigentlichen Typus gesprochen

werden. Im Augenblick kann die eine oder die andere Einstellung vorübergehend stärker sein. Einstellungen können aber auch verlorengehen. Eine Änderung bahnt sich oft erst langsam an. Die neue Einstellung herrscht dann für einige Jahre vor und wird wieder zurückgedrängt. Im Laufe eines Lebens wechseln die Einstellungen mehrmals. Erst wenn die eine Einstellung bleibend vorherrscht, kann man von einem bestimmten Typus sprechen.
Doch selbst dann, wenn die bestimmte Einstellung habituell — also zum Typus — wird, verschwindet die andere nicht vollständig. Sie wird nur zurückgedrängt und kann plötzlich oder aber auch langsam wieder zum Vorschein kommen und sich mehr und mehr durchsetzen.
Solche Änderungen, die sich zunächst unbewußt vollziehen, können durch tiefgreifende Erlebnisse, die das Unbewußte beeinflussen, hervorgerufen werden und gleichzeitig eine völlige Veränderung der Person bewirken.
Bei der Frage „Wer bin ich? — Wer bist du?" ist die Antwort in dieser Beziehung nicht leicht zu geben, weil die verdrängte Neigung und frühere Einstellung eine Rolle spielen und sich in Stimmungen bemerkbar machen.
Manche Menschen realisieren unter bestimmten Umständen verschiedene Einstellungen und bemühen sich im Laufe ihres Lebens um die Harmonisierung ihrer gegensätzlichen Neigungen. Es braucht eine lange Beobachtungszeit, um einen Menschen auf seine Einstellung oder seinen Typus hin testen zu können.

3. Die Merkmale und Eigenschaften des Introvertierten

Die stärkere Ausprägung der subjektiven Einstellung beim Introvertierten bedeutet nicht, daß damit unbedingt auch der Egoismus stärker ausgeprägt ist als beim Extravertierten.

Er braucht — um auf seine Art glücklich zu sein — den Mitmenschen nicht oder jedenfalls weniger als der Extravertierte. Sein Innenleben ist vielfältig und tiefgehend. Es fällt ihm schwer, sich anderen anzupassen. Am wenigsten kann er mit dem entgegengesetzten Typus etwas anfangen.
Der Introvertierte ist zurückhaltend, schüchtern und oft gehemmt. Er gilt als Grübler und als Eigenbrötler, als verschlossen und weltfremd.
In der Tat ist er ein ausgeprägter Individualist, ein Einzelgänger. Die Kunst des Umgangs mit anderen und die Gewandtheit des Augenblicks beherrscht er kaum.

4. Die Merkmale und Eigenschaften des Extravertierten

Der Extravertierte bejaht die Umwelt und sucht das Gegenüber. Er kann ohne Beziehungen zu anderen nicht leben. Weil er nun mehr oder weniger unter der Kärglichkeit seines Innenlebens leidet, braucht er ständig Menschen um sich, die ihn stimulieren. Er muß auch ständig in Aktion sein und braucht Gelegenheiten, sich selbst darzustellen, sonst fühlt er sich vereinsamt.
Seine Neigung zur Geselligkeit bringt ihm Erfahrungen im Umgang mit Menschen und Dingen ein und steigert sein Lebensgefühl und seine Kreativität. Je mehr er sich aber an die Umwelt verliert, desto mehr besteht die Gefahr der seelischen Verarmung. Sein Leben wird dann oberflächlich. Zweifellos kommt ein Mensch mit extravertierter Einstellung heute leichter durchs Leben als ein Introvertierter.

5. Weitere Unterscheidungen

Die Unterscheidung von zwei Haupttypen ist unbefriedigend, denn sie ist zu grob. Jeder dieser beiden Typen enthält eine Vielzahl von Charakterschattierungen. Deshalb geht

C. G. Jung noch von vier weiteren Grundmerkmalen aus, die er von den vier Grundfunktionen der Seele herleitet.

Nach seiner Erfahrung verfügt jeder Mensch über vier mehr oder weniger gut entwickelte Grundfunktionen. Eine dieser Grundfunktionen dominiert, dann folgt eine andere, die an zweiter Stelle steht, wieder eine andere steht an der dritten Stelle — und eine ist am wenigsten ausgeprägt. Sie ist am stärksten verkümmert.

Grundfunktionen der Seele haben also einen verschiedenen Stellenwert. Dieser Stellenwert ist individuell verschieden. Mit anderen Worten: Bei jedem Menschen herrschen bestimmte Grundfunktionen vor, andere treten zurück oder sind fast verkümmert.

Was versteht C. G. Jung nun unter einer Grundfunktion? Er sieht sie als Erscheinungsform der Libido an. Man könnte sie mit der physikalischen Kraft als der jeweiligen Erscheinungsform der Energie vergleichen. Jung betrachtet die Tätigkeit der Grundfunktion unter energetischen Gesichtspunkten.

Er unterscheidet vier Grundfunktionen: zwei rationale, nämlich Denken und Fühlen — und zwei irrationale, nämlich Empfinden und Intuieren.

Demnach kann ein Extravertierter zum Beispiel ein Verstandestyp oder ein Gefühlstyp, ein Empfindungstyp oder ein Intuitionstyp sein. Genauer gesagt: Er ist mehr oder weniger ein Verstandestyp oder einer der anderen Typen, denn es kommt dabei auf den Stellenwert an.

Herrscht zum Beispiel der Verstand (Ratio) vor, dann sind die anderen weniger stark ausgebildet oder zum Teil auch verkümmert. Steht zum Beispiel das Gefühl an erster Stelle, so kann ihm die Grundfunktion der Empfindung folgen oder aber auch die Intuition oder der Verstand.

Für den Extravertierten ergeben sich also vier weitere Unterscheidungsmöglichkeiten.

Für den Introvertierten gilt das gleiche. Auch er kann in vier weitere Typen eingeteilt werden.

Im ganzen ergeben sich also acht Typen.

Zwei Menschen, die in einer introvertierten Veranlagung zunächst übereinstimmen, können neben einigen Gemeinsamkeiten trotzdem noch völlig entgegengesetzte Eigenschaften haben. Vielleicht lehnen beide Kontakte zur Umwelt ab und leben als Eigenbrötler in ihrer Welt. Der eine ist aber ein Verstandestyp und dazu noch ein abstrakter Theoretiker, während der andere Introvertierte — nehmen wir an, er wäre ein Fühltypus — zum Phantasieren und zum Schwärmen neigt.

In der Ehe mag das noch angehen, weil beide Typen sich dann ergänzen. Im Jugendkreis ist die Situation schwieriger, weil sich solche Neigungen völlig widersprechen und dadurch Abneigung und Feindschaft entstehen kann.

6. Charakterisierung der acht Typen

1. Der extravertierte Denktypus ist stark objektgebunden und bewegt sich im pragmatischen Bereich. Für ihn gibt es nur Tatsachen, die beweisbar sind. Nur das Exakte, Greifbare und das Naheliegende zählt. Das Leben wird nach streng wissenschaftlichen Gesichtspunkten gedeutet und gestaltet. Die Erfahrung ist alles, nicht die Hoffnung und der Glaube. Wir kennen ihn als Forschungsreisenden, als Sammler und Beschreiber der Natur. Er will Ordnung in die Dinge bringen und alles überschaubar und erklärbar machen. Es ist das Gegenständliche und das einzelne, das ihn interessiert.

2. Der introvertierte Denktypus ist ebenfalls ein Logiker. Aber er erforscht nicht so sehr das einzelne und das durch die Außenwelt gegebene, sondern er grübelt und forscht nach den Hintergründen. Er möchte wissen, was die Welt im Innersten zusammenhält. Der Bereich des Glaubens zieht ihn zwar an, aber er hinterfragt auch diesen und bleibt oft im Zweifeln stecken.

3. Der extravertierte Fühltypus ist der Typus, bei dem das Gemüt die ausschlaggebende Rolle spielt. Er ist begeisterungsfähig, voller Ideen und kann sich an Personen und an Ideen hingeben. Er hält nicht viel von wissenschaftlichen Themen und Diskussionen. Er meidet alles Theoretische. Als Praktiker fasziniert ihn das Lebendige. Im Umgang ist er einfühlend, mitfühlend, gesellig und überaus beliebt.

4. Der introvertierte Fühltypus zeichnet sich nicht durch Sachlichkeit aus. Dafür öffnet er sich mehr der Romantik. Romantische Ideen können ihn begeistern. Er ist der grübelnde Dichter oder Musiker, der sich von Gefühlen tragen läßt. Der Maler wirft seine Gefühle an die Leinwand und lebt in der Welt seiner geschaffenen Bilder. Er ist aber keineswegs konservativ. Im Gegenteil, er zimmert an seinem Weltbild herum, prüft und verwirft, um neue Bilder zu gewinnen.

5. Der extravertierte Empfindungstyp ist offen und empfänglich für äußere Eindrücke. Alles, was auf die Sinne wirkt — Töne, Farben, Formen — wird ihm zum starken, einprägsamen und bestimmenden Erlebnis. Dabei ist das Objekt, das menschliche Gegenüber, von großer Bedeutung. Der extravertierte Empfindungstyp ist besonders stark vom Objekt — und damit auch von der Umwelt — abhängig.

6. Der introvertierte Empfindungstyp ist der Typ, bei dem der subjektive Faktor überwiegt. Das Objekt (Person, Bild, Musik, Natur u. a.) löst lediglich Empfindungen aus. Der introvertierte Empfindungstyp sieht die Dinge wesentlich anders als der extravertierte Empfindungstyp, nämlich nach eigenen, subjektiven Empfindungen und Maßstäben.

7. Der extravertierte Intuitionstyp verfügt über die Gabe der Ahnung, des Erkennens und des Schauens. Er erahnt besonders die Verbindungen zwischen den Ereignissen der Außenwelt und ihren Hintergründen. Er „spürt" den rechten Zeitpunkt für geschäftliche Abschlüsse, für Entwicklungen und Spekulationen. Er ist der geborene Menschenführer, der Politiker oder der Diplomat, aber auch der versierte Unternehmer.

8. Der introvertierte Intuitionstypus neigt der Mystik zu. Er ist ein Seher, ein Träumer oder ein Künstler, der die Wirklichkeit mehr oder weniger flieht. Seine „Bilder“ haben kaum eine Entsprechung zur Außenwelt. Dennoch erfaßt er intuitiv Vorgänge im zwischenmenschlichen Bereich, erkennt ihre Tiefe und ihre wesensgemäßen Zusammenhänge. Er kann — wenn er nicht zum Spintisieren neigt — Gesprächen eine Tiefe geben, die man sonst oft vergeblich sucht. In der Regel aber öffnet er sich seinem Gegenüber nicht oder spricht nur in Andeutungen. Viele halten diesen Typus für den eigentlichen Weisen.

Es muß beachtet werden, daß selbst diese acht Typen nur ganz selten so vorkommen. Wir haben es hier mit „Idealfällen“ zu tun. Meistens sind verschiedene Funktionen ganz verschieden stark entwickelt. Die eine Funktion dominiert, die andere tritt noch deutlich hervor, die dritte ist nur wenig entwickelt und die vierte ist kaum vorhanden. Diese — wenn auch oft vorübergehende — Konstellation bestimmt die seelische Eigenart eines Menschen wesentlich mit.

V. Das Typisieren nach Neurosestrukturen

Weniger umstritten als die Einteilung von Menschen nach den herkömmlichen Typenlehren ist die Unterscheidung von Personen nach ihrer neurotischen Charakterstruktur bzw. nach ihrer Neurosestruktur (Struktur = Aufbau, Gefüge).
Was verstehen wir unter einer Neurose? Bei einer Neurose handelt es sich um eine erworbene und heilbare seelisch-körperliche Störung, deren Ursprung in seelischen Konflikten zu suchen ist, die hauptsächlich während der Kindheit erlitten und ins Unbewußte verdrängt wurden. Ergänzend muß noch gesagt werden, daß selbstverständlich auch akute

persönliche und Umweltkonflikte verdrängt werden und sich im Unbewußten verfestigen. (→ Seite 23—25.)

Konflikte, die sich nicht lösen lassen, verdichten und verfestigen sich zum Komplex, der nun das seelische Geschehen und damit den ganzen Menschen behindert und beeinträchtigt.

Für Neurosestrukturen gibt es bereits eine angeborene konstitutionelle Bereitschaft. Sie liegt in der Persönlichkeitsstruktur und ist somit vorgegeben. Diese Persönlichkeitsstruktur kann durch entsprechende Erfahrungen und Schädigungen in ihren Grundzügen noch verstärkt werden. Sie kann aber auch im Laufe der Entwicklung des Menschen — vom Säugling zum Kleinkind und vom Kind zum Jugendlichen — erheblichen Veränderungen unterworfen werden. (→ Seite 17—18.)

Die verschiedenen Phasen, die das Kind in der Entwicklung zum Jugendlichen durchläuft, sind uns bekannt. (→ Seite 15—16; 70—71.)

Ein Kind nimmt während seiner Entwicklung prägende Erlebnisse und Erfahrungen, aber auch Schädigungen von den Bezugspersonen und von der Umwelt her auf. Es gibt keine Entwicklung ohne Störfaktoren.

Für die Bildung von neurotischen Charakterstrukturen ist die Stärke des Erlebnisses und der Zeitpunkt der Schädigung von großer Bedeutung. Beide sind prägend und richtunggebend für die gesamte weitere Entwicklung. (→ Seite 185.)

1. Störfaktoren und Schädigungen in der kindlichen Entwicklung

In der *oralen Phase* (erstes Lebensjahr) handelt es sich besonders um die Schädigungen durch Mangelerlebnisse.

Diese beziehen sich in der Hauptsache auf die oralen Bedürfnisse, d.h. auf die Nahrungsaufnahme. Aber auch Sinneseindrücke und die Erfahrungen der zärtlichen Zuwendung spielen eine große Rolle.

Eine Trennung von der Mutter als der entscheidenden Bezugsperson oder eine Vernachlässigung durch sie wirkt sich äußerst negativ auf die Bildung von Antriebskräften aus und legt die ersten Dispositionen für spätere Depressionen. Orale Mangelerlebnisse, etwa eine unabgesättigte Bedürfnisspannung, führt dazu, die Triebwünsche zu verdrängen. Dieser Verdrängungsprozeß löst wiederum eine Hemmung aus, die sich später zu depressivem Verhalten entwickeln kann. Ein solcher Mensch neigt ständig zu Hoffnungslosigkeit und zu Passivität. Es sind die Merkmale einer *depressiven Charakterstruktur*.

Ein konstitutionell zart und empfindlich veranlagtes Kind wird — wenn die Mutter-Kind-Beziehung gestört oder nicht genügend entwickelt ist — sich gefühlsmäßig zurückziehen und später zum Gehemmtsein und zur Kontaktarmut neigen. Schon dadurch werden die Charakterzüge für eine *schizoide Charakterstruktur* gelegt.

In der *analen Phase* (zweites Lebensjahr) kommt es zur Ausreifung und Beherrschung der motorischen Funktionen. Das Kind setzt sich nun aktiv mit seiner Umwelt auseinander und beginnt, sich von dieser abzugrenzen. Es wehrt sich auch bereits schon gegen die Behinderung und Einschränkung seiner Selbstentfaltung. Die ersten Schwierigkeiten tauchen bei der Sauberkeitserziehung auf.

Sie zeigen sich in den verschiedenen Trotzreaktionen. Unterdrückung der Aktivität und der Selbstbehauptung erzwingen die Verdrängung. Es wird vor allem der Aggressionstrieb verdrängt, und dadurch bekommen die aufgestauten Energien aggressive Beimischungen. (→ Seite 74.)

Wenn das Kind in dieser und in der nachfolgenden Phase einer Dressur unterworfen wird, dann wird es niemals lernen, seine Ich-Funktionen zu entwickeln, um sie später richtig anwenden zu können. Es wird auch nicht lernen, zwischen den verschiedenen Triebimpulsen und ihrer Wertigkeit zu unterscheiden. Es wird ebenfalls nicht lernen, seine Antriebe auf Ziele anzulegen und richtig zu steuern.

Solche Störfaktoren und Schädigungen führen zur *zwanghaften Charakterstruktur*.

In der *phallischen Phase* (drittes bis fünftes Lebensjahr) entwickelt das Kind besonders seine intellektuellen Fähigkeiten und sein Persönlichkeitsbewußtsein. Dabei „spielt“ es mit seiner Umgebung. Es probiert die Rollen aus, die ihm Anerkennung und Zuwendung bringen. Gleichzeitig erlebt es die ersten familiären Konfliktsituationen bewußt mit. Es erfährt plötzlich, daß die Welt der Erwachsenen nicht in Ordnung ist, und leidet auch selbst unter den gegensätzlichen Triebrichtungen und Affekten. (→ Seite 78—84.)

So neigt das Kind einerseits dazu, sich von der Umwelt zurückzuziehen, andererseits braucht es die Zuwendung und das Angenommenwerden, um leben zu können. Wenn es aber nicht lernt, sich mit seinem Ich, dem Rollenspiel und der Umwelt denkend und handelnd auseinanderzusetzen, gewinnt es nicht die Erkenntnis und das Einschätzungsvermögen für die realen Möglichkeiten. Es flieht in die Krankheit oder regrediert in die frühkindlichen Phasen. Wir haben es dann mit den Merkmalen der *hysterischen Charakterstruktur* zu tun.

Es kann freilich kein Mensch eindeutig auf eine neurotische Charakterstruktur festgelegt werden. Es ragen immer mehrere Prägungen, die durch verschiedene Schädigungen entstanden sind, hervor. Nun kommt es darauf an, wie stark diese Züge und Einkerbungen sind, ob sie mehr oder weniger auf eine beherrschende Richtung hinauslaufen und damit den ganzen Aufbau des Charakters bestimmen. Kein Mensch wird eine der vier neurotischen Charakterstrukturen isoliert aufweisen. Es wird aber die eine oder die andere Struktur im Charakterbild vorherrschen.

2. Eigenschaften der neurotischen Charakterstrukturen

a) Die schizoide Charakterstruktur

Die schizoide Charakterstruktur ist gekennzeichnet durch folgende Merkmale:
Innenleben: Disharmonisch, kompliziert, egozentrisch; schwankend zwischen Minderwertigkeitsgefühlen und Selbstüberschätzung.
Bevorzugte Denkweise: Rational, weniger emotional als intellektuell; sachlich, kompromißlos.
Affektäußerung: Schroff, wechselnd, oft gehemmt, gespreizt, skeptisch, zynisch, unsentimental.
Temperament: Empfindsam, kühl, reizbar, unberechenbar, rasch wechselnd.
Kontaktfreudigkeit: Kontaktarm, abweisend, mißtrauisch, wählerisch; Angst vor Bindung.
Angstäußerung: Angst vor Nähe, vor Hingabe und Anpassung; Angst vor dem Neuanfang.
Charakterliche Vorzüge: Sachlichkeit, Ideenreichtum, Kritikfähigkeit, Selbständigkeit.

b) Die depressive Charakterstruktur

Die depressive Charakterstruktur weist folgende Merkmale auf:
Innenleben: Starke Komplexbildung, Ichschwäche.
Bevorzugte Denkweise: Intuitiv, anschaulich, detailfreudig, gegenständlich, abschweifend, konservativ.
Affektäußerung: Langsam, schwerfällig; extremes Lachen und Weinen; von Schuldgefühlen bestimmt.
Temperament: Rasch traurig, mutlos, rasch resignierend, mangelnde Planlust.

Kontaktfreudigkeit: Starker Wunsch nach Nähe und Hingabe, aber keine echte Partnerschaftsfähigkeit.
Angstäußerung: Angst vor Selbstwerdung, vor Einsamkeit und Ichverlust.
Charakterliche Vorzüge: Anhänglichkeit, Sensitivität und Hilfsbereitschaft.

c) Die zwanghafte Charakterstruktur

Die zwanghafte Charakterstruktur weist folgende Eigenschaften auf:
Innenleben: Antriebsschwach, widersprüchlich; zu Zwangsvorstellungen neigend.
Bevorzugte Denkweise: Rational, aber unklar; grüblerisch; fanatisch, prinzipienhaft; traditionsgebunden.
Affektäußerung: Gehemmt; steife, gespreizte Bewegungen.
Temperament: Starrsinnig, pedantisch, ausdauernd; in Stimmungen verharrend.
Kontaktfreudigkeit: Egozentrisches, unsoziales Verhalten; vom Wunsch nach Nähe getrieben, aber nicht gesellig.
Angstäußerung: Lebensangst, Angst vor Veränderung und vor Vergänglichkeit.
Charakterliche Vorzüge: Fleiß, Ausdauer, Strebsamkeit, Ernst.

d) Die hysterische Charakterstruktur

Die hysterische Charakterstruktur ist gekennzeichnet durch folgende Merkmale:
Innenleben: Mangel an Steuerung; lebt in einer Scheinwelt; keine innere Ordnung; Labilität.
Bevorzugte Denkweise: Infantiles Denken, keine Selbstkritik; weltfremd; traditionsfeindlich; neigt zur Spontaneität.
Affektäußerung: Impulsiv, starke Gefühlsausbrüche, starke Reaktionen, schwankend, hemmungslos, undiszipliniert.

Temperament: Spontan, unruhig, ungeduldig, optimistisch, ohne Ausdauer.
Kontaktfreudigkeit: Neigt nicht zu Verantwortungsbereitschaft, nur wenig Umweltgefühl.
Angstäußerung: Angst vor der Realität.
Charakterliche Vorzüge: Risikobereitschaft, Impulsivität, Wendigkeit, Optimismus.

VI. Typenlehre und Vorurteil

Liefern die typologischen Systeme nur das Material zur Festigung der eigenen Vorurteile oder zur pseudowissenschaftlichen Fundierung der vorschnellen Beurteilung von anderen Menschen?
Gewiß werden die Typologien dazu mißbraucht. Vorurteile sind eine menschliche Eigenschaft, die jeder durch seine Erziehung geliefert bekommt. Sie haben eine gewisse Berechtigung, weil sie dem ordnenden Beurteilen einer Situation oder der Absicherung gegen unbekannte Faktoren dienen. Seit Jahrtausenden muß sich der Mensch vor dem Menschen und vor unübersehbaren Situationen schützen. Gewiß, oft entbehren Vorurteile jeder Grundlage. Meistens sind sie unzureichend, manchmal unrichtig.
Der reifende Mensch wird seinen Vorurteilen gegenüber kritischer. Er korrigiert diese ersten Empfindungen, Vorstellungen und Wertungen an der Wirklichkeit mit Hilfe der eigenen Erfahrung. Darum baut er Vorurteile ab. Er muß sie abbauen, um die Wirklichkeit erkennen zu können.
Der reifende Mensch wird aber auch sich selbst gegenüber kritisch. Dadurch verfällt er weniger dem Einfluß des anderen, der durchaus nicht nur positiv ist. Nur das Positive sehen zu wollen, ist ebenso unrealistisch wie das Benutzen der Vorurteile, die meistens das Negative aufbauschen, um davor warnen zu können.

Wer Hinweise der Typenlehren benutzt, darf sie nicht im Sinne von Werturteilen auffassen und sie noch weniger als Werturteile für die Bewertung der gesamten Person benutzen. Auch die Empfindungen der Sympathie oder der Antipathie müssen bewußtgemacht und abgebaut werden. Sie sollten einem gerechteren, ganzheitlichen und toleranteren Erkennen und Verhalten Platz machen. Der andere will „brutto" geliebt werden.
Von der Basis der Liebe Jesu aus kann der andere wahrhaft angenommen und geliebt werden, ohne daß man sich dazu erst durchringen muß. (→ Seite 199—201.)
Diese Basis ist unproblematischer und brauchbarer als das Vorurteil. Von ihr ausgehend können die Hinweise auf Merkmale und Eigenschaften anderer Menschen, wie sie die Typologien vermitteln, ohne Bedenken angenommen und verwertet werden. (→ Seite 134—135.)

VII. Zur Kritik an den Typologien

Die Anwendung der herkömmlichen Typenlehren ist umstritten, weil der effektive wissenschaftliche Wert ihrer Voraussetzungen und ihrer Resultate bezweifelt werden muß. Von wissenschaftlicher Seite macht man heute besonders geltend, daß keine noch so feine Typisierung wirklichkeitsgerechte Maßstäbe zu liefern vermag und daß deshalb die Anwendung solcher Schemata in der Praxis von geringem Wert und Nutzen sei.

Folgende Argumente werden erhoben:

1. Die Möglichkeit einer brauchbaren Klassifizierung scheitert daran, daß die Typen nur grobe Unterscheidungen darstellen und damit dem individuellen Fall nicht gerecht werden können. Die individuelle Wirklichkeit eines Menschen mit seinen unzählbaren Aspekten und seinen verschiedenar-

tigen Temperamentsschattierungen kann überhaupt nicht erfaßt werden.

2. Die Einteilung und Beurteilung von Menschen nach einem vorgegebenen Schema verführt den Betrachter zu Vorurteilen, die nur schwer wieder abgelöst werden können. Oft werden charakterliche Wesenszüge mit Werturteilen verbunden, die dem anderen schaden können.

3. Die Typenlehre E. Kretschmers geht von Erfahrungswerten aus dem Bereich des Krankhaften aus und ist schon von daher gesehen fragwürdig.

4. Man soll überhaupt keinen Menschen „testen", weil man in Gefahr gerät, ihn dadurch festzulegen. Wer den anderen festlegt, bringt sich um den Gewinn einer echten Kommunikation, die ihn durch das Anderssein des Partners befruchten und echt in Frage stellen könnte.

5. Es gibt eine Unzahl von Typenlehren, die verwirren. Für welche Typologie soll man sich entscheiden, falls man sich orientieren möchte?

Für die Typologien kann folgendermaßen argumentiert werden:

1. Wer die vorhandenen Typenlehren als unwissenschaftlich und deshalb unbrauchbar ablehnt, sollte sich bemühen, andere Möglichkeiten zu finden, wonach die spezifischen Eigenschaften und Wesenszüge eines Mitmenschen erkannt und herausgestellt werden können. In der Regel verwenden die Gegner der herkömmlichen Typologien in ihrer eigenen Praxis ebenfalls Schemata, die kaum von den üblichen abweichen.

2. Vorurteile sind gefährlich. Jeder sollte bemüht sein, diese zu korrigieren, d. h. kritisch zu hinterfragen und womöglich abzubauen. Typenlehren aber können subjektive Vorurteile in Frage stellen und gerade dazu verhelfen, daß bei der Beurteilung der Eigenschaften und Wesenszüge eines anderen mehr Objektivität erreicht wird.

3. Die Typenmerkmale, die durch Typologien vermittelt werden, sind die extremen Werte, die in der Praxis, d. h. im Leben, kaum vorkommen. Man muß sie aber als Grenzwerte erkennen und von daher am lebenden Objekt abstrahieren (streichen). Es bleiben dann immer noch wesentliche Züge, die brauchbare Hinweise für die Charakterstrukturen ergeben.

4. Allein Gott kann sich ein Bild vom Menschen machen, das korrekt ist und dem Menschen voll gerecht wird. Die Motivation für das Beurteilen und Erkennen von Menschen darf nur die Liebe im Sinne von 1. Kor. 13 sein. Es geht dem Christen darum, den anderen so zu sehen, wie er ist — und ihm zu helfen, daß er sich selbst besser erkennen und das Ziel erreichen kann. (1. Tim. 2, 4.)

5. In der Praxis müssen — ähnlich wie bei Testversuchen — verschiedene Erfahrungen mit Typenlehren ausgewertet werden. Nur die möglichst exakten Hinweise und Erfahrungswerte sollten dann angewandt bzw. verwertet werden. Nach Möglichkeit sollte man sich dabei nicht nur auf ein Typensystem oder auf eine Typenlehre beschränken, sondern zwei oder drei Systeme vergleichend heranziehen. Deshalb wurden hier drei Typologien vorgestellt.

Viertes Blickfeld:

Testpsychologie

I. Überblick über die Testverfahren

„Zeichnen Sie ein Männchen!" Mit dieser Aufforderung zu einem Zeichentest kann man einen Erwachsenen beinahe schockieren. Was soll das? denkt er berechtigt. Werde ich auf den Grad meiner Reife, auf mein Seelen- oder Intelligenzalter hin getestet? Oder vermutet man bei mir eine Regression in die kindlichen Phasen?

Tatsächlich begannen auf diese Weise vor einigen Jahrzehnten auch Testversuche mit Erwachsenen.

Heute werden solche Zeichentests, die wertvolle Einsichten in die Persönlichkeitsstruktur und in die Vorgänge im Unbewußten vermitteln, fast ausschließlich bei Kindern angewandt. (→ Seite 145—148.)

Es handelt sich bei Zeichentests um eine angemessene Form der Untersuchung und Erforschung der Persönlichkeit und ihrer Psychodynamik, denn Zeichnen ist eine der ältesten Ausdrucksformen der menschlichen Seele. Für das Kind stellt das Zeichnen eine seiner Entwicklung entsprechende psychomotorische Betätigung dar. Deshalb hat diese einfache Projektionsmethode auch heute noch ihre Berechtigung.

Im Laufe der letzten Jahrzehnte sind eine Vielzahl von Testverfahren in Anwendung gekommen, die von ganz verschiedenen Voraussetzungen ausgehen, verschiedenartige Methoden benutzen und ganz verschiedene Zielsetzungen haben. Man unterscheidet generell zwischen Leistungstests, Intelligenztests und Persönlichkeitstests.

Leistungstests beziehen sich hauptsächlich auf die Prüfung der Konzentrationsfähigkeit, der Ausdauer, der Genauigkeit, der Ermüdbarkeit und der speziellen Eignung für bestimmte Berufe.
Intelligenztests beziehen sich auf die Messung der intellektuellen Fähigkeiten.

II. Das Testen der Intelligenz

Wer die Intelligenz eines Menschen prüfen will, benutzt mehrere Methoden, um die verschiedenen Felder und Faktoren der Intelligenzstruktur zu erfassen.
Schon die ältesten Intelligenztestverfahren beruhen auf einer Zusammenstellung von zwanzig bis dreißig Einzeltests, also ganzer Testbatterien, die in sinnvoller Weise aufeinander abgestimmt, aber im Schwierigkeitsgrad unterschiedlich sind.
Aufgrund der Erfahrungen mit solchen Testverfahren wurde dann festgestellt, welche Tests in welchem Lebensalter gelöst werden konnten. Aus der Zahl der gelösten Tests wurde dann ein bestimmtes Intelligenzalter errechnet. Dieses Intelligenzalter setzte man zu dem Lebensalter in Beziehung.
Noch heute wird das Intelligenzalter durch das Lebensalter dividiert. Der Quotient dieser Division wird als allgemein vergleichbares Maß verwendet:

$$\frac{\text{Intelligenzalter}}{\text{Lebensalter}} = \text{Intelligenzquotient (IQ)} = \text{Meßeinheit.}$$

Man muß dabei aber beachten, daß damit nicht die Intelligenz als solche gemessen wird, sondern es wird nur der Entwicklungsstand oder der Grad der Intelligenzentwicklung bestimmt, den ein Mensch unter Zugrundelegung eines Altersdurchschnitts erreicht hat. Es läßt sich also erkennen, ob die Leistungen gegenüber der Norm einen Vorsprung oder einen Rückstand aufweisen oder ob sie entsprechen.

Woran wird die Intelligenz gemessen?

Die Messung der Intelligenz richtet sich nach einer bestimmten Anzahl richtig zu lösender Aufgaben, deren Bewältigung anschauliches oder abstraktes Denken voraussetzt. Es handelt sich dabei um Aufgaben und Leistungen auf sprachlicher, rechnerischer und raum-zeitlicher Basis, die fast alle aus dem Schulbereich stammen. Eine zu lösende Aufgabe kann zum Beispiel darin bestehen, daß zu der Wortgruppe: Witz — Humor — Geist — ein viertes passendes Wort gefunden werden muß.

Dann könnte eine der bekannten Textaufgaben im Rechnen folgen, die den Kindern heute soviel Schwierigkeiten bereiten. Eine weitere Aufgabe kann darin bestehen, daß die Versuchsperson ein Problem lösen muß. Zum Beispiel soll eine Organisationsleistung erbracht werden. Die Testperson spielt die Rolle eines Stadtboten einer Firma und muß herausfinden, wie dieser am schnellsten und am besten zum Ziel gelangt.

Ein anderer Test besteht darin, eine Serie von Bildern, auf denen Teile einer Geschichte dargestellt sind, nach der Reihenfolge zu ordnen und zu ergänzen.

Es geht dabei um die Messung der Kombinationsfähigkeit, der Fähigkeit zur Konzentration und der Aufmerksamkeit, der Urteilsbildung, der raschen Auffassung, des Organisationstalentes und des Abstraktionsvermögens u. a.

Es muß allerdings beachtet werden, daß Intelligenz nicht eine Einzelfunktion bedeutet. Intelligenz ist eine komplexartige Größe. Deshalb sagt der Einzelwert des Intelligenzquotienten nichts Endgültiges über die Leistungsfähigkeit eines Menschen aus. Es kommt darauf an, die Struktur der Intelligenz zu ermitteln.

III. Das Testen der Persönlichkeit

Wir wollen uns weniger mit den Verfahren zur Intelligenzmessung beschäftigen, sondern richten unser Interesse auf die andere Gruppe von Testverfahren und fragen: Was leisten Persönlichkeits- oder Charaktertests? Was und wieviel kann von der Persönlichkeit erfaßt werden?

Viele berufen sich auf ihre praktische Menschenkenntnis, die sie durch Erfahrung im Umgang mit Menschen gewonnen haben. Zugegeben, diese Methode ist unkompliziert und verlangt nichts anderes als Aufmerksamkeit und Beobachtungsfähigkeit. Kann sie aber genügen? Wird mit der Menschenkenntnis, die im Laufe eines Lebens gewonnen wird, mehr als die Oberfläche eines Menschen erfaßt?

Es liegt auf der Hand, daß in der Regel die tieferen Schichten der Persönlichkeit der alltäglichen Erfahrung und der gewöhnlichen Beobachtung entzogen bleiben. Die eigentliche Persönlichkeit ist der Beobachtung des Menschen entzogen. Was wir beobachten und erkennen, sind Umrisse der Persönlichkeit oder anders ausgedrückt: Es ist die Person, die wir erkennen, nicht die Persönlichkeit. Dabei müssen wir Person im Sinne von „persona“ = Maske verstehen. (Vgl. C.G. Jung.)

Persönlichkeits- oder Charaktertests vermögen tatsächlich tiefer zu dringen und können mehr über die Person sagen, weil sie die Persönlichkeit hinter der Person besser erfassen. Persönlichkeit ist also nicht dasselbe wie Person. Zunächst verstehen wir unter dem Begriff Person einfach das Individuum. Aber auch diese Erklärung reicht nicht aus, denn ein Tier kann ein Individuum sein und ist dennoch keine Person. Der Personbegriff beinhaltet zugleich die Besonderheiten des Menschen.

Persönlichkeit ist auch nicht dasselbe wie Charakter. Meistens werden diese Ausdrücke gleichgesetzt. Die sogenannten Persönlichkeitstests werden auswechselbar auch Charaktertests genannt. Damit bleibt die Ungenauigkeit bestehen. Worin besteht der Unterschied? Der Begriff Charakter ist verknüpft mit der moralischen Einschätzung des Menschen. Unter Charakter versteht man Wertqualitäten einer Persönlichkeit. Die Persönlichkeit ist damit gewertet.

1. Was ist unter Persönlichkeit zu verstehen?

Die Persönlichkeit eines Menschen wird unter drei Gesichtspunkten gesehen, erforscht und bewertet:
a) Unter dem Gesichtspunkt des Aufbaus der Persönlichkeit,
b) unter dem Aspekt der Dynamik, d. h. des Prozesses,
c) unter dem Gesichtspunkt des Kraftfeldes.

Zu a): Der Persönlichkeitsaufbau ist selbst bei unkomplizierten Menschen kompliziert. Denken wir dabei nur an die Schichtentheorie der Tiefenpsychologie und an die Instanzen, Bereiche, Faktoren und Mechanismen, an die Vorgänge und Prozesse im Unbewußten. (→ Seite 59—82.)

Zu b): Persönlichkeit wird nicht als ein abgeschlossener Prozeß, sondern als ein dynamischer, fortschreitender Vorgang gesehen. Es gibt in der Persönlichkeit auch stabile Züge, aber die fortwährende Veränderung dominiert.
Eine überragende Rolle spielen dabei die Antriebskräfte, die Beweggründe und Zielrichtungen, die zum Teil im Menschen liegen, das heißt im Unbewußten (Es), zum Teil auch im Bewußtsein, zum großen Teil aber auch von außen an die Person herangetragen werden.

Zu c): Der Feldbegriff ist aus der Physik entlehnt. Unter „Feld“ ist die Gesamtheit der Vorgänge, Einwirkungsfaktoren, Dispositionen (Anlagen), kurzum alle Tatsachen, die das Verhalten eines Menschen während eines Augenblicks bestimmen, zu verstehen. Diese zugleich gegebenen Tatsachen sind als dynamisches Feld zu sehen.

2. Was sagt die Bezeichnung Persönlichkeit aus?

Alle Sichtweisen und Ansätze der Persönlichkeitsforschung ergeben folgende Übereinstimmung:

- Persönlichkeit besagt, daß jede Person Einzigartigkeit besitzt.
- Persönlichkeit besagt, daß der Mensch trotz seines komplizierten Aufbaus und seiner komplexen Vorgänge als Ganzheit anzusehen ist.
- Persönlichkeit besagt, daß wohl Dispositionen (Anlagen) vorhanden sind, die das Verhalten bestimmen, daß aber Prozesse der ständigen Veränderung eine große Rolle spielen.
- Persönlichkeit besagt, daß der Mensch in einer kommunikativen Beziehung zur Umwelt steht. Er nimmt Impulse auf und wirkt auf die Umwelt zurück.

Mit Hilfe einer Skizze soll diese komplizierte Theorie etwas zugänglicher werden.

Skizze: Person, Persönlichkeit und Charakter

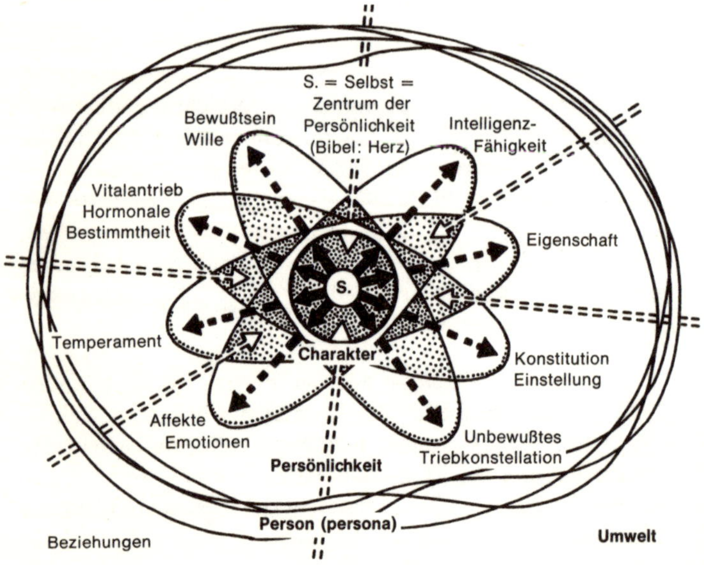

Person stellt hier die der Umwelt zugewandte Seite (persona = durchtönen = Maske) der Persönlichkeit dar. Unter Persönlichkeit wird hier die dynamische Organisation der psychophysischen Systeme (leibseelische Kräfte, Beziehungen, Fähigkeiten, Antriebe, Eigenschaften) verstanden. Es sind die Systeme, die das Verhalten und die dem Menschen einzigartige Anpassungsweise bestimmen.
Im Kern der Persönlichkeit bildet sich das, was sonst als Charakter bezeichnet wird. Dieser Kern könnte auch als das Selbst des Menschen bzw. der Persönlichkeit bezeichnet werden. Der Begriff des Selbst ist allerdings genauso vieldeutig wie der Begriff Charakter und darum fragwürdig.

3. Was ist unter Charakter zu verstehen?

Die Bezeichnung Charakter kommt von dem Wort „charassein“ aus dem Griechischen, das einkerben, eingraben, einritzen bedeutet.
Mit Charakter ist die Wesensart, die ein Mensch im Laufe seines Lebens aus seinen Dispositionen und Erbanlagen heraus in der Begegnung und Auseinandersetzung mit der Umwelt und den sich niederschlagenden Erfahrungen, Verhaltens- und Reaktionsweisen entwickelt, gemeint.
Diese bestimmte Wesensart prägt die Persönlichkeit und gibt ihr eine entsprechende Wertqualität, die allerdings von der Umwelt her gewertet wird. (→ Seite 133.)

4. Was leisten Persönlichkeitstests?

Diese Testverfahren werden auch Projektionstests genannt. Was ist darunter zu verstehen?
Die projektive Methode besteht darin, daß die Testperson zu spontanen Äußerungen aufgefordert wird, die sie verbal,

also mit Worten, oder die sie bildhaft, also durch Zeichnen, zum Ausdruck bringt. (→ Seite 137—148.)
Projektionstests gehen von der Wahrnehmung aus. Die Testperson läßt Figuren, Lebensszenen oder andere Bilder auf sich wirken. Sie nimmt die Bilder oder Teile der Bilder auf, ordnet sie, gibt ihnen Gestalt. Die Testperson gibt diesen Bildern die beste Gestalt, die sie zu geben vermag. Damit deutet sie die Figuren und Szenen und projiziert ihre eigene seelische Organisation, ihre Vorgänge und Inhalte des Unterbewußten und des Unbewußten auf das Testmaterial. Sie überträgt somit zum Beispiel ihre Ängste, ihre Konflikte, ihre Hemmungen, das Verdrängte und das Unverarbeitete auf die Bilder oder auf die Personen und Vorgänge, die sie deuten soll. Das Deuten von bildhaften Darstellungen, die Lebensszenen enthalten, geschieht durch Erzählen.

Was versteht man unter Wahrnehmung?

Wahrnehmen besteht aus drei Vorgängen: 1. Empfinden, 2. Erinnern, 3. Verknüpfen (Assoziieren).
Beim Vorgang der Empfindung steigen neben den im Gedächtnis aufbewahrten Eindrücken auch verdrängte Vorstellungen, Erlebnisse und Erfahrungen mit auf. Diese werden abgewehrt und kommen nur in veränderter Form an die Oberfläche. Die Testperson zögert dann beim Sprechen oder schweigt plötzlich und muß zum Weitererzählen aufgefordert werden.
Die weiteren Vorgänge sind natürlich von der Empfindung nicht zu trennen. Die Verknüpfung leistet die Angleichungsarbeit zwischen Empfindungskomplex und Erinnerungsbild. Vielfach bleiben die Testpersonen an Kleinigkeiten hängen. Irgendein Gebilde erinnert sie dann zum Beispiel an eine Gestalt oder an ein Tier. Beim Deutungsvorgang suchen die Testpersonen nach einem Erinnerungsbild. Dann verknüpfen sich Erlebnisse, Gefühle, Eindrücke und anderes mit diesen Bildern. Beim Erzählen werden diese wiederum beiseite gelegt, um anderen Wahrnehmungen Platz zu machen.

5. Bekannte Testverfahren

a) Der Rorschachtest

Der Rorschachtest ist das bekannteste Verfahren der projektiven Methode, das seit den dreißiger Jahren zu einer eigenen Disziplin wurde. Die von dem Schweizer Psychiater Hermann Rorschach entwickelten Klecksbilder konnten bisher durch keine besseren ersetzt werden.

Das Material

Das Rorschach-Verfahren besteht aus der Vorlage von zehn Karten, auf denen sich klecksartige Figuren befinden. Diese Figuren sind auf höchst einfache Weise entstanden. Durch Zusammenfalten eines Blattes wurden die Kleckse zum Auslaufen gebracht und ergaben somit eigenartige Gebilde.

Das Verfahren

In der ersten Phase werden der Versuchsperson hintereinander zehn Karten mit Klecksen vorgelegt. Der Prüfling soll nun erzählen, was er auf dieser Vorlage sieht. Er soll die Karte erst weglegen, wenn er nichts Neues mehr auf ihr entdecken kann. Zwang zum Mitteilen darf allerdings nicht ausgeübt werden. Alle Äußerungen werden wörtlich mitgeschrieben. Sie werden auf ein Auswertungsformular übertragen.
In einer zweiten Phase des Verfahrens läßt man sich von dem Prüfling genau zeigen, wo er die Gebilde auf den Karten gesehen hat. Umrisse und Lage dieser Gebilde müssen genau festgelegt werden. Diese Angaben werden wiederum protokolliert.

Die Deutung

Die Versuchsperson betrachtet den Testvorgang in der Regel als eine Prüfung der Phantasie. Tatsächlich wird die

Skizze: Klecksographien, die dem Rorschach-Material entsprechen

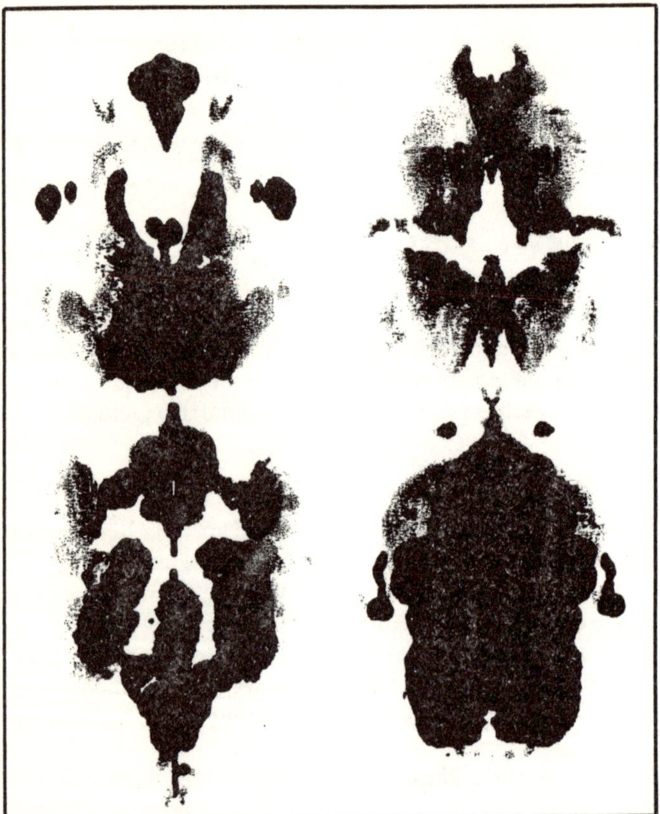

Phantasie stark angeregt, so daß die gefühlsmäßigen Hintergründe in die Deutungen miteingehen. Für die Auswertung haben sich folgende Gesichtspunkte ergeben:
1. Was wurde gesehen? 2. Wurde das Bild als Ganzes oder in Teilen gedeutet? 3. Wurde die Deutung allein durch die

Form der Gebilde bestimmt? 4. Wie steht es mit Erlebnissen der Bewegung oder der Farbe? 5. Was konnte nicht gedeutet werden? 6. Wie lange ist die Reaktionsphase bei jeder Antwort? 7. Wie groß ist die Zahl der Antworten? Diese ursprünglichen Auswertungsprinzipien wurden später durch neue Leitlinien ersetzt:

1. Was wird gesehen? 2. Wo wird etwas gesehen? 3. Welches sind die bestimmenden Faktoren? 4. Ist die Form rasch erkannt und gut oder schlecht gesehen worden? 5. Sind die Antworten originell?

Das Ergebnis

Zunächst geht die Untersuchung auf das Formale aus mit dem Ziel, in die Funktion der Wahrnehmung und Auffassung Einblick zu gewinnen. Es kommt darauf an, ob die Formen scharf oder unscharf gesehen wurden. Ein wesentliches Kriterium ergibt die Art und Weise der Erfassung des Bildes. In der Regel wird es zuerst als Ganzes gesehen. Danach werden die Einzelheiten des Klecksogramms gedeutet. Ganzantworten lassen unter anderem die Fähigkeit zu abstraktem, aber auch zu spekulativem Denken erkennen.

Häufiger kommt es aber zu Detailantworten. Sie werden als Zeichen praktisch gerichteten Denkens gewertet.

Zwischenformantworten zeigen oft bestimmte Charakterzüge, je nach der Struktur des Temperaments, an. Zum Beispiel: Opposition gegenüber der Umwelt, aber auch Aggressivität als Ausdruck einer Opposition dem eigenen Ich gegenüber.

Weitere mögliche Antworten können als Bewegungsantworten, Hell-Dunkel-Antworten, Formantworten und Farbantworten kategorisiert werden.

Der Rorschachtest hat die psychologische Welt erobert. Das Verfahren macht den formalen Ausdruck der Denkprozesse und des emotionalen Aufbaus erkennbar. Es gibt Aufschluß über die Intelligenzstruktur sowie über die Auswirkung unbewußter Prozesse, die auf die Persönlichkeit prägenden Einfluß haben.

b) Der Wartegg-Zeichentest

Beim Warteggtest handelt es sich um ein Ergänzungsverfahren, bei dem einige Linien, Punkte oder Bögen zu einem Bild ergänzt werden sollen. Dieses Verfahren verfolgt ebenfalls das Ziel, die charakterliche Eigenart zu bestimmen und die vielfältigen bewußten und unbewußten Persönlichkeitsmomente und ihre Zusammenhänge zu beschreiben.

Das Material

Es besteht aus einem Vorlagebogen, der in zwei Viererreihen weiße Quadrate enthält. In jedem dieser stark umrandeten Quadrate befindet sich ein unscheinbar aussehendes Zeichen, das zum Zeichnen anregen soll. So enthält Quadrat 1 zum Beispiel nur einen Punkt.

Das Verfahren

Man überläßt der Testperson, wo sie anfangen will. Sie beginnt zu zeichnen, was ihr gerade einfällt. Unbewußt wird sie von dem kleinen Zeichen angeregt, ihre Phantasie walten zu lassen.

Es wird ihr empfohlen, nach jeder Fertigstellung sofort folgende Fragen zu beantworten und sich Notizen zu jeder Zeichnung zu machen: 1. Was stellt meine Zeichnung dar? 2. Welche Zeichnung ist die beste, welche die schlechteste? 3. Wodurch ist es zu erklären, daß die bestimmte Zeichnung so gut oder so schlecht ausfiel? 4. Welches Bild bewirkt unangenehme Empfindungen? 5. Und welches Bild läßt angenehme Gefühle aufkommen?

Skizze: Vorlagebogen, der dem Warteggtest entspricht

Der Deutungsvorgang

Dem Warteggtest liegen eine Vielzahl psychologischer Kriterien für die Deutung zugrunde, die von den Reizgrundlagen Abwehr, Antrieb, Bewältigung u.a. ausgehen. Entscheidend ist die Art und Weise, in der die Reize aufgenommen und verarbeitet werden.

Das Ergebnis

Das Wartegg-Verfahren bringt vor allem Erkenntnisse über die Grundtendenzen und Ziele einer Person, über Antriebsimpulse und die Zügelung dieser Impulse.

c) Der T.A.T. (Thematic-Apperception-Test nach H. A. Murray)

Dieses Testverfahren verfolgt das Ziel, die Inhalte und Vorgänge im Unbewußten aufzudecken.

Das Material

Das Material besteht aus dreißig Bildtafeln, die alltägliche und ungewöhnliche Szenen beinhalten. Darunter befinden sich Bilder mit landschaftlichem Hintergrund, aber auch Szenen aus dem häuslichen Geschehen. Teilweise haben diese Zeichnungen keine festen Konturen. Im Mittelpunkt eines jeden Bildes befinden sich männliche und weibliche Personen, Erwachsene, Jugendliche und Kinder.

Skizze: Bildszene, die dem T.A.T. entspricht

Das Verfahren

Das Verfahren verläuft folgendermaßen:
Die Testperson wird aufgefordert, zu jeder Bildtafel eine Geschichte zu erzählen. Diese Geschichte soll den Inhalt der Darstellung nach folgenden Gesichtspunkten beschreiben: 1. Was geht auf dem Bild vor? 2. Wie kam es zu dieser Szene? 3. Wie könnte es weitergehen?
Dabei wird der Prüfling aufgefordert, möglichst frei, flüssig und dramatisch zu erzählen. Die Gefühle, Motivationen und Ziele der abgebildeten Personen sollen beschrieben werden. Daran schließt sich jeweils eine Aussprache an.
Die Dauer des Verfahrens soll auf etwa zwei Sitzungen von jeweils einer Stunde beschränkt werden. Anschließend wird dem Prüfling eine leere Karte vorgelegt, die ihn zum Erzählen einer eigenen, frei erfundenen Geschichte motivieren soll.

Der Deutungsvorgang

Die Testperson projiziert bei der Deutung der Bildtafeln eigene und fremde Erlebnisse und Erfahrungen auf die jeweilige Szene. Das gedeutete Geschehen enthüllt das Wesen und die Dynamik der Umweltbeziehungen der Testperson. Auch das Verhältnis zu sich selbst und zu den eigenen Erlebnissen wird dadurch erkennbar. Vor allem aber werden die Beziehungen der Testperson zu Autoritätspersonen aufgedeckt. Auch der Einfluß der Familienverhältnisse, der Gruppe und der Schule auf die Entwicklung der Persönlichkeit wird sichtbar.

Das Ergebnis

Der T.A.T. ermittelt die Lebenssituation. Diese wird aus den Einzelheiten der erzählten Geschichten erkennbar. Jedes Bild stellt ein Reizfeld dar, das bestimmte Reaktionen provoziert. So werden durch die Bilder Angstgefühle, Depressionen, zwangsneurotische Tendenzen, aggressive Neigungen oder auch Schuldgefühle aktiviert.

6. Zur Kritik an den projektiven Testverfahren

Den projektiven Testverfahren wird von der Verhaltenspsychologie vorgeworfen, daß ihre Voraussetzungen und ihre Ergebnisse nicht empirisch gesichert seien. Die Verhaltenspsychologie beschränkt sich auf Beobachtung und Erforschung menschlichen Verhaltens, das sie allein aus der Wirkung äußerer Reize auf bestimmte Nerven und Nervenzellen ableitet. Das Seelische — und damit das Unbewußte — ist für diese Richtung der Psychologie nicht zugänglich und daher völlig unwichtig.

Nach dieser Auffassung kann es für die Psychologie nur eine Aufgabe geben, nämlich Experimente anzustellen über die Herausbildung der Gewöhnungen an Verhaltensweisen.

Mit anderen Worten: Es gibt — nach dieser Auffassung — keine Seele, sondern nur eine Zuordnung der Reflexe, der Reizempfindungen und der entsprechenden Verhaltensweisen zu bestimmten Zentren und zu gewissen Organen. Das Lebewesen Mensch besteht aus einer Anzahl von Funktionen solcher Zentren.

Sie erhebt vor allem den Vorwurf der mangelnden empirischen — d.h. auf Erfahrung beruhenden — Überprüfbarkeit der projektiven Methode. Die Intuition (schauendes Denken) steht allgemein nicht hoch im Kurs oder wird völlig abgelehnt. Tatsächlich aber spielt die Intuitionsgabe des Psychodiagnostikers eine wesentliche Rolle bei der Deutung und der Auswertung der Testergebnisse. (→ Seite 116.)

Es hängt neben dieser Intuitionsgabe weiter davon ab, ob der Psychodiagnostiker über einen reichen Schatz der Erfahrung verfügt. Nur der erfahrene Diagnostiker kann die Testergebnisse effektiv auswerten.

Wie bei allen Testverfahren dürfen Testversuche nicht auf einmalige Anwendung beschränkt bleiben. Die gleichen Verfahren müssen mehrmals Anwendung finden. Erst dann darf eine Diagnose gewagt werden. Aber selbst die Anwendung von mehreren Tests der gleichen Art genügt nicht. Die Testperson sollte auch verschiedene Arten von Tests und verschiedene Methoden durchlaufen.

Zusammenfassung:

Der Psychodiagnostiker muß über zwei Voraussetzungen verfügen:
1. Die wissenschaftliche Grundlage, 2. die Erfahrungsgrundlage.
Zu 1.: Zur wissenschaftlichen Grundlage gehört ein umfassendes Wissen über die psychologischen Sachverhalte, d.h. über die leiblich-seelischen Zusammenhänge, über die psychologischen Hintergründe und über die Abläufe von Krankheitsprozessen. Er muß ein guter Kenner der Tiefenpsychologie sein.
Zu 2.: Zur Erfahrungsgrundlage gehört vor allem die Erfahrung im Umgang mit sich selbst und die Erfahrung im Umgang mit anderen, speziell auf dem Gebiet der Psychodiagnostik.

7. Beispiel: Spielanalyse

Ein Beispiel aus der psychoanalytischen Beratung soll zeigen, wie es mit der Methode der Spielanalyse zu einem seelsorgerlichen Gespräch kommen kann.
Kinder können bekanntlich ihre Probleme und ihre Schwierigkeiten nicht in Worte fassen. Oft genug sind sie ihnen auch völlig unbewußt oder nur halbbewußt. Sie leiden zwar empfindlich unter den Konflikten in der Tiefe oder auch im Bewußtsein, aber sie kennen die Ursachen und die Hintergründe nicht und wissen oft überhaupt nicht, was in ihnen und mit ihnen vorgeht.
Bevor der Therapeut oder auch der Seelsorger helfend eingreifen kann, muß er die Situation seines Patienten erkunden, die Hintergründe und Ursachen aufdecken und eine Diagnose stellen. Eine Spielanalyse bleibt dem kundigen

Psychologen oder dem Therapeuten vorbehalten. Es sollten auch nur psychologisch geschulte Seelsorger sich dieser Möglichkeiten bedienen.
Gruppenleiter und Lehrer können aber mit einfacheren Methoden des Spiels die Situation der ihnen anvertrauten Kinder und Jugendlichen erkunden.

Bericht: Schnörkelspiel mit Detlef

Detlef (10) wird wegen seiner Phantasterei von seinen Kameraden in der Jugendgruppe und im Unterricht ausgelacht. Man nennt ihn den „Spinner", weil er, statt mitzuspielen, sich isoliert und nur mit dem Gruppenleiter diskutiert. Er benutzt jede Gelegenheit, um in der Nähe des Leiters zu sein. Die anderen reagieren eifersüchtig und aggressiv. Sie werfen Detlef vor, er wolle den Leiter ganz für sich haben. Tatsächlich trägt Detlef dem Leiter stundenlang seine Gedanken vor und stellt Fragen nach dem Ursprung des Lebens, nach Sinn und Ziel der Menschheitsgeschichte und nach Tod und Ewigkeit. Er hat selbst ein „System" entwikkelt, das an Platons Ideenlehre erinnert.
Die Schwierigkeiten in der Gruppe und im Unterricht steigern sich in dem Maße, in dem Detlefs Verhalten an Abnormität zunimmt. Schließlich bleibt Detlef ganz von der Gruppe weg. Der Leiter kann im Einverständnis mit der Mutter erreichen, daß der Junge zur therapeutischen Beratung kommt. Detlef klagt über folgende Beschwerden: Unwohlsein, Appetitlosigkeit, Zerstreutheit und Schlafstörungen.

Die Situationsbefragung ergibt:

Bereich Familie: Schwester 12, Detlef 10, Schwester 7; Detlef ist also ein Kind der „Mitte", der einzige Junge zwischen zwei Schwestern. Das Familienleben ist gestört (Eheschwierigkeiten).

Bereich Schule und Gruppe: Detlef befindet sich auf der Flucht vor der Pflicht und vor der Wirklichkeit überhaupt (Realitätsprinzip). Er zeigt Leistungsschwächen, obwohl er überdurchschnittlich begabt ist. Vor allem aber hat er Angst vor seinen Kameraden und Mitschülern.
Die oben genannten Befunde ergeben keine ausreichenden Hinweise für die Ursache der Konflikte und des gestörten Verhaltens. Weitere Hinweise sollen mit Hilfe des Schnörkelspiels gewonnen werden.

Die Methode des Schnörkelspiels

Der Junge zeichnet zuerst einen Schnörkel. Dann malt der Therapeut an diesem Schnörkel weiter und beginnt ein Gespräch, das an der Zeichnung ansetzt. Daraufhin zeichnet der Therapeut einen Schnörkel und fordert den Jungen auf, weiterzuzeichnen. Der Therapeut erfragt die Deutung und versucht Hinweise zu bekommen, die über Ereignisse und Erlebnisse (Traumata) und über Fehlentwicklungen Auskunft geben können. Am Beispiel Detlef soll diese Methode demonstriert werden.
Im nachfolgenden Gespräch kommen die Probleme, Konflikte und Schwierigkeiten, die sich symbolisch verhüllen,zur Sprache. Es werden Konfliktherde berührt und aufgedeckt. Dabei kann es bereits zu einer Entkrampfung kommen. Der Leidensdruck und die üblichen Reaktionen wie Aggressivität, Disziplinverstöße u.a. können somit im Ansatz schon vermindert werden. Auch bewußte Probleme lassen sich durch Überwindung der Hemmungen besser lösen.
Eine unbedingte Voraussetzung ist das Vorhandensein einer Vertrauensbasis zwischen dem Therapeuten und dem Kind oder dem Jugendlichen.
Seelsorglich engagierte Jugendleiter sollten zuvor Kontakte zu den Eltern aufnehmen. Ohne deren Zustimmung soll auch die spielerische Anwendung dieser Tests zum Zweck der Erkundung und Erkennung der Probleme und Nöte von Kindern und Jugendlichen nicht in Erwägung gezogen werden. Gegen „Testspiele“ im Jugendkreis bestehen keine Bedenken.

Skizzen zur Spielanalyse (Detlef)

T = Therapeut
D = Detlef

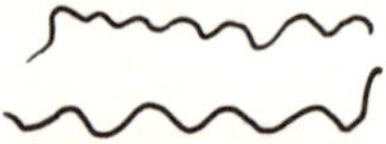

1. D. malt eine Wellenlinie. T. malt eine zweite dazu. *Gesprächsthema:* Himmel und Erde

2. T. zeichnet ein Fragezeichen. D. macht eine Spirale daraus. *Gesprächsthema:* Sinn des Lebens

3. D. malt etwas Fischähnliches. Daraus wird ein Skalar. *Gesprächsthema:* Leben = Lustprinzip?

4. T. beginnt mit einem Männchen. D. malt Augen und konzentrische Ringe. *Gesprächsthema:* Wo kommen die Kinder her?

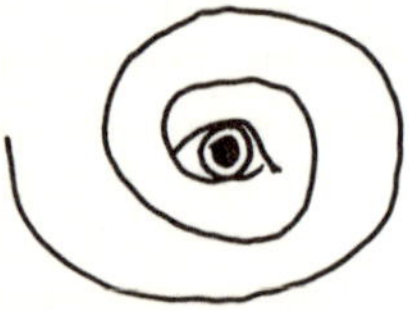

5. D. zeichnet wieder eine Spirale. T. fügt ein Auge ein. *Gesprächsthema:* Das Auge Gottes. Straft Gott wirklich?

6. T. zeichnet diesen Schnörkel. D. setzt Gesichter ein. *Gesprächsthema:* Geschlechtlichkeit (Sexualtrieb).

7. D. zeichnet einen Totenkopf. Er bemerkt dazu: „Gift ist gut!" *Thema:* Tod

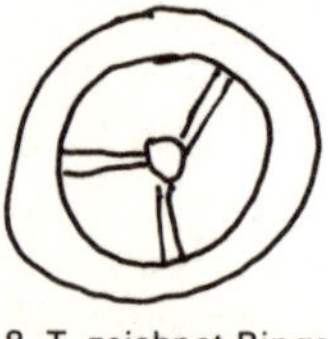

8. T. zeichnet Ringe. D. macht daraus ein Lenkrad. *Thema:* Erwachsenwerden. Schwierigkeiten der Anpassung

9. D. malt einen Schnörkel, aus dem ein Tier wird. *Thema:* Fernweh. Verlassen des Elternhauses

10. T. zeichnet eine Blume. D. „vernichtet" sie mit seinem Schnörkel. *Thema:* Das Böse (Sadismus).

8. Möglichkeiten der Situationsermittlung in Jugendgruppe und Unterricht

Verhaltensgestörte Kinder und Jugendliche, die unter tiefenseelischen Störungen und anderen Konflikten leiden, fallen meistens auf. Die Symptome sind leicht erkennbar. Eine Diagnose kann aber nur dann gestellt werden, wenn auch die Hintergründe und die Ursachen für die Konflikte und Störungen erkannt worden sind. (→ Seite 70; 119—122.)

Vielfach sind die Symptome (Krankheitsanzeichen) nicht eindeutig, weil sich die Konflikte überlagern oder auch, weil Kinder und Jugendliche versuchen, ihre Nöte, Probleme und ihre Konflikte zu verbergen. Es kommt darüber hinaus oft zu den Prozessen der Verschiebung und der Verkehrung von Inhalten und Vorgängen im Unbewußten. Diese sind Kindern und Jugendlichen nicht bewußt oder nur halbbewußt. (→ Seite 59—82.)

Auf welche Weise können Hintergründe und Ursachen der Konflikte und der Vorgänge im Unbewußten aufgedeckt und bewußt gemacht werden?

Den Zugang zum Unbewußten finden wir über Trauminhalte und ihre Deutung, über Phantasie und ihre Äußerung im Spiel, im künstlerischen Schaffen oder auch durch die Anwendung von projektiven Testmethoden. (→ Seite135.)

Träume und Phantasieäußerungen sind Spiegelungen unbewußter Inhalte und Vorgänge. Diese Spiegelungen lassen auch die Ursachen und Hintergründe der Konflikte und Fehleinstellungen sichtbar werden.

Können — neben dem Psychotherapeuten — auch Gruppenführer, Jugendleiter, Lehrer und Seelsorger Hinweise für die tiefenseelische Situation von Kindern und Jugendlichen gewinnen?

Wie schon bemerkt, muß eine ausgesprochene Analyse dem geschulten und erfahrenen Therapeuten vorbehalten bleiben. Auch Seelsorger sollten sich neben der psychologischen Orientierung Lehranalysen unterzogen haben. Selbst die Traumdeutung und die Psychodiagnostik mittels der bekannten Testverfahren können nicht laienhaft gehandhabt werden.

Dennoch sind auch dem Jugendleiter, dem Lehrer und dem Seelsorger Möglichkeiten gegeben, verhaltensgestörte Kinder und Jugendliche zu verstehen und die tieferliegenden Ursachen der Störungen zu erkennen.

Es gibt spielartige Ermittlungsverfahren, die dazu verhelfen, bestimmte Signale aufzufangen. Diese aus den Phantasieäußerungen während des Spielvorganges gewonnenen Signale und Hinweise dienen als Schlüsselfunktion für nachfolgende Gespräche und für das entsprechende verständnisvolle Verhalten dem Kind und dem Jugendlichen gegenüber.

Schon beim Herstellen einer Collage* (Bildmontage) können Signale aus dem Unbewußten aufgefangen werden. Zum Beispiel suchen die Kinder ganz bestimmte Bilder aus und geben darüber Auskunft, warum sie diese ausgewählt, andere aber als unbrauchbar verworfen haben. Auch das Anbringen der verschiedenen Bilder und der Textausschnitte läßt Einblicke in die seelische Situation zu.

Die stärksten Signale kommen in der Regel während der Diskussion über die Collage zur Geltung. Die Kinder erzählen ganz frei über ihre Motive und über ihre Absichten.

Als brauchbar für die Situationsermittlung erwiesen sich unter anderen:

1. Das Spiel der Gedankenverknüpfung (Assoziation).
2. Die Methapher-Meditation (bildhafte Einfälle).
3. Die Methode des „Brainstorming“ (Gedankensturm).
4. Das Rollenspiel (Übernehmen einer Rolle, Spielen einer Problemsituation).
5. Das Schnörkelspiel. (→ Seite 146.)
6. Das Herstellen von Gruppencollagen (Montage von Bildern in der Gruppe).
7. Die verschiedenen Projektionstests, zum Beispiel das Zeichnen der Situation in der Schule oder zu Hause.

---

* Vgl. Walter Wanner, „Jugend aktiv“; Brunnen-Verlag, Gießen.

8. Die Anwendung eines Fragebogens (zur Selbstprüfung). Wir stellen zwei dieser „Testspiele“ und einen Fragebogen vor.

a) Die Metaphermeditation

Auch zu diesem „Spieltest“ wird Papier zum Aufschreiben der Einfälle benötigt.

Begriffserklärung

Metapher bedeutet: Bildlicher Ausdruck für ein Geschehen, für einen Gegenstand oder auch für einen abstrakten Begriff. Eine Metapher für das Kamel ist so zum Beispiel der bildhafte Ausdruck „Wüstenschiff“.

Methode

Der Jugendkreis wählt einen abstrakten Begriff aus oder entscheidet sich für eine Handlung bzw. ein Geschehen.
Beispiel:
Ewigkeit (ist): Irgendwo tickt eine Uhr und tickt und tickt...
Oder: Freude (ist): Schweben über der Welt ...
Ein solches Beispiel muß dem Jugendkreis zunächst einmal demonstriert werden.
Dann nennt der Leiter einige Worte.

Möglichkeiten

Lachen — Weinen — Suchen — Finden — Dienen — Herrschen — Friede — Leiden — Freiheit — Reifen — Fliehen — Schaffen — Liebe — Leben — u.a.m.

Hinweise

Nachdem sich die Gruppe für einen Begriff oder ein Geschehen entschieden hat, sucht sich jeder Teilnehmer einen „stillen Platz“ aus und schreibt alle Metaphern auf, die ihm einfallen. Eine zeitliche und räumliche Begrenzung kann entfallen. Manche schreiben nur einige bildhafte Ausdrücke, andere verfassen Reime oder beschreiben ausführlich. Dann werden die Notizen gesammelt und vorgelesen.

Rundgespräch

Folgende Fragen können zur Diskussion anregen:
1. Paßt die Metapher — also das Bild oder der Vers — zu dem ausgewählten Begriff oder zu dem Geschehen?
2. Welche tiefere Erkenntnis steht hinter der vorgelesenen Metapher?

b) Das Spiel der Gedankenverknüpfung

Methode

Der Jugendleiter oder der Lehrer teilt Papier für die Notizen aus. Dann gibt er ein „Reizwort" bekannt. Zum Beispiel „Liebe" oder „Einsamkeit" u.a.
Die Gruppenmitglieder notieren das „Reizwort" auf das vorliegende Blatt. Dann schreiben sie alle Worte auf, die ihnen zu dem Reizwort einfallen.

Beispiel:
Einsamkeit: Kummer — Weinen — Wut — Mit den Fäusten auf den Tisch trommeln — Sehnsucht — Träumen — An ein Mädchen denken — Spazierengehen —.

Der Leiter sollte kein zeitliches Limit, dafür aber eine räumliche Begrenzung geben, z.B.: Zwei Zeilen.
Die Blätter sollen nicht mit dem Namen versehen werden. Die Schreiber bleiben also anonym.
Dann werden die Blätter eingesammelt und von der Gruppe selbst ausgewertet. Dabei kann der Gruppenleiter sehr viel lernen.

Folgende Fragen können dazu gestellt und bearbeitet werden:

1. Was wurde häufig genannt? Was kam selten vor?
2. Warum sind die betreffenden Einfälle so häufig vorgekommen?
3. Wie verlaufen die einzelnen Wortketten? Was könnte die Reihenfolge aussagen?
4. Welche Unterschiede sind zwischen den Einfällen der Jungen und der Mädchen festzustellen?
5. Was stellen sich die betreffenden Schreiber unter dem bestimmten Wort vor? (Hier geht es vor allem um die häufigen Einfälle.)

Weitere Möglichkeiten

Statt eines Reizwortes kann auch ein Bild (Foto) zum Gegenstand des Nachdenkens genommen werden. Ferner können zu den Reizwörtern Bilder bzw. Skizzen gezeichnet werden, über die anschließend diskutiert wird.
Der Gruppenleiter, der schwierige Kinder oder Jugendliche kennenlernen will, muß dann allerdings die Anonymität aufheben und sich die Blätter geben lassen. Es ist auch möglich, daß die Gruppenmitglieder oder die Schüler selbst vorlesen, was ihnen eingefallen ist oder daß sie selbst interpretieren, was sie gezeichnet haben. Der Leiter muß sich dann aber selbst mit eigenen Deutungen vor der Gruppe zurückhalten.

c) Fragebogen zur Selbstprüfung

1. Können Sie sich für einen anderen Menschen einsetzen?
2. Haben Sie einen Blick für die Not anderer?
3. Sind Sie rasch mit Entschuldigungen bei der Hand?
4. Kann man sich auf Ihre Versprechungen verlassen?
5. Ertragen Sie es, wenn andere recht haben?
6. Können Sie im Spiel verlieren, ohne sich zu ärgern?
7. Gibt es in Ihrem Leben Menschen, die Sie hassen?
8. Sprechen Sie über Fehler der anderen?

9. Haben Sie nach Unterhaltungen das Gefühl der Niederlage?
10. Hängen Sie sehr an alten Gewohnheiten?
11. Sind Sie konsequent?
12. Geht es Ihnen meistens um Ihren Vorteil?
13. Neigen Sie dazu, nur das Nötigste zu tun?
14. Spielt das Geld eine große Rolle bei Ihnen?
15. Schließen Sie sich von anderen ab?
16. Regen Sie sich oft über andere auf?
17. Bringen Sie es fertig, um Verzeihung zu bitten?
18. Sind Sie überaktiv?
19. Sind Sie antriebsgehemmt, schwerfällig?
20. Reagieren Sie bei kleinen Anlässen mit Gefühlsausbrüchen?
21. Können Sie sich unterordnen?
22. Suchen Sie oft nach Selbstbestätigung?
23. Sind Sie pünktlich?
24. Sind Sie pedantisch?
25. Sind Sie optimistisch?
26. Neigen Sie zu Pessimismus?
27. Achten Sie darauf, daß man Ihnen dankt?
28. Haben Sie Humor?
29. Ertragen Sie Humor?
30. Haben Sie Leitbilder?
31. Nehmen Sie es mit kleinen Lügen nicht so genau?
32. Nehmen Sie kleine Dinge weg, die Ihnen nicht gehören?
33. Suchen Sie die Schuld oft bei anderen?
34. Können Sie nachgeben?
35. Haben Sie Minderwertigkeitsgefühle?

Diese Liste kann beliebig verlängert werden!

Fünftes Blickfeld:

Sozialpsychologie

I. Persönlichkeitsreifung und Umweltbezüge

Wer oder was macht den Menschen zur Persönlichkeit? Wodurch und wie entwickelt sich das Personale, das bestimmte Etwas, das ein Individuum zur einmaligen, unauswechselbaren Person macht?

Sind die sozialen Beziehungen, die Begegnungsbereiche von ausschlaggebender Wichtigkeit für die Selbstfindung und für das Reifen zur Ganzheit, oder sind sie unwesentlich?

Werden die personalen Wesenszüge durch die Gruppe beeinflußt, relativiert oder verstärkt?

Wie verhalten sich Anpassung, Einordnung und Entfaltung zueinander?

Spielen die Vorgänge innerhalb einer Gruppe oder Gemeinschaft überhaupt eine Rolle, die ihnen seit einiger Zeit zugemessen wird?

Das Personale wurde früher als die natürliche Kernanlage im Menschen gesehen, die sich in vielen Reifeprozessen selbst entfaltet. Dagegen steht die Erkenntnis, daß der Mensch nur dann reifen kann, wenn er seine Isolierung überwindet und in vollständigen Beziehungen lebt. Den Wechselwirkungen zwischen dem einzelnen und der Gruppe wird ein sehr hohes Maß an Persönlichkeitsbildung zugeschrieben.

Nehmen wir diese Auffassung als ein Korrektiv, als einen Standpunkt, der die erste Ansicht von der Selbstentfaltung der Kernanlage korrigiert, dann bedeutet das, daß die Entfaltung des Persönlichen stark abhängig ist von der familiären Situation, den sozialen Gegebenheiten, der persönlichen

Geschichte, dem Lebenslauf — also von der geschichtlichen sozialen Wirklichkeit. Das Reifen und Werden einer Persönlichkeit wird somit von der Umwelt, den Mitmenschen, vom gesamten Geflecht der sozialen Bezüge stark beeinflußt und mitbestimmt.

Wir stellen fest: Das, was die Person ausmacht, nämlich das Personale, hat Beziehungscharakter. Es entwickelt und entfaltet sich im Miteinander, in der Bezogenheit aufeinander und der Beziehung zueinander. Von daher kann man sagen: Das Versagen im ganz persönlichen Bereich eines Menschen hat keinesfalls nur Fehlentwicklungen in der frühen Kindheit zur Ursache. Der Ausfall der Personalität liegt nicht unbedingt im Menschen selbst.

Auch das Sichabschließen und die Kontaktstörungen sind nicht unbedingt die Auslöser für seelische Krisen, die den Menschen beunruhigen und ihn hindern, stetig am Persönlichkeitsaufbau beteiligt zu sein. Ebenso sind es nicht die Abwehrmechanismen, die den Menschen dazu treiben, den Schwierigkeiten aus dem Weg zu gehen, sich an andere zu hängen oder sich treiben zu lassen und die dann das Entfalten und Reifen verhindern. Sondern es sind oft die anderen Menschen, die sich der Kommunikation entziehen oder es sind ganze Begegnungsbereiche, die sich dem einzelnen verschließen. Wenn sich diese Faktoren dem Menschen versagen, wird die Entwicklung und Entfaltung des Personalen gehemmt oder unterbunden.

Man kann also sagen: Der Mensch „ist" das, was er sein wird, weil er ein Wesen ist, das in die Geschichte eingebunden ist. Jede Begegnung, jede Beziehung ist und wirkt ein Stück Geschichte, die unser persönliches Leben ausmacht und die personale Entfaltung und die Entwicklung zur Persönlichkeit fördert.

II. Das Geflecht der sozialen Beziehungen

Wir stellen nun die Person und das, was sie konstituiert, nämlich die personalen, inneren Beziehungen, den sozialen Beziehungs- und Begegnungsbereichen gegenüber. Dieses Geflecht der sozialen Beziehungen, die Bezugsfelder, stellen sich folgendermaßen dar:

Skizze: Das Geflecht der sozialen Beziehungen

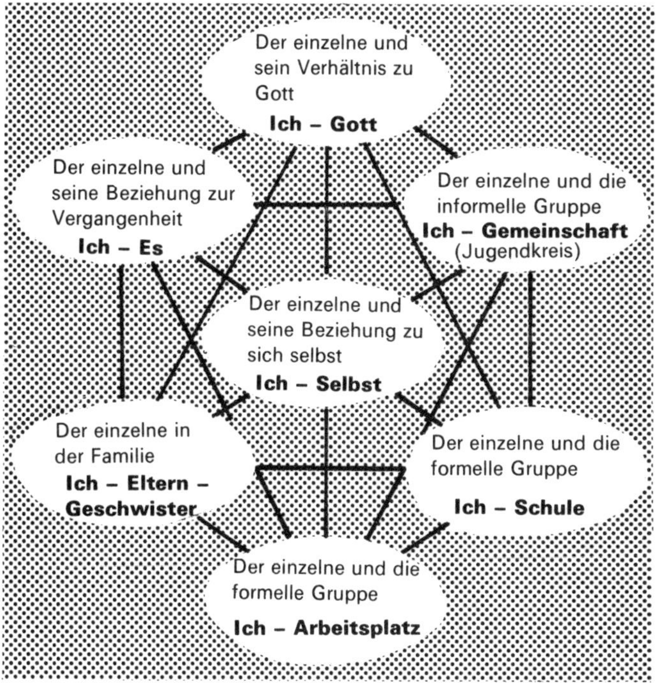

Zum ersten Bezugsfeld:

1. Der einzelne und seine Beziehung zu sich selbst

Es geht hier um das Selbstverhältnis und dabei zunächst um das *Selbstverständnis:* Wie sehe ich mich selbst? Wie schätze ich mich selbst ein? Wie und wodurch kann ich mich als Ganzheit erkennen? Wie ordne ich meine Erkenntnisse und Erfahrungen ein? Von woher und als was verstehe ich mich? Erhalte ich die Sinngebung für die Lebensgestaltung, die Maßstäbe und Entwürfe von einem Standort außerhalb von mir her — und von welchem?
Im weiteren geht es um die *Identität*, um die Übereinstimmung der Bilder mit dem tatsächlichen Wesen. Das Bemühen um Deckungsgleichheit des Ich mit dem Bild, das der Mensch von sich hat, erstreckt sich auf die verschiedenen Teilpersonen, die er darstellt — und vor allem auf die Korrespondenz mit der Außenwelt. Er fragt sich: Wie sehen mich die anderen? Kann ich dem zustimmen? Bin ich das, was ich glaube zu sein oder das, was ich sein soll? Stimme ich mit den Urbildern, die in meinem Unbewußten wirken, überein? Muß ich sie akzeptieren oder versuchen auszulöschen? Und vor allem: Wie komme ich zu einer Übereinstimmung meiner Person mit dem, was Gott will?
Dazu kommen die Reifungsvorgänge, die auf die *Ganzheit* der Person abzielen. Es geht hierbei um die Annahme meiner selbst, um die Annahme der Dreidimensionalität von Leib, Seele, Geist, aber auch um die Annahme der Existenz samt den sozialen Bezügen und den Umständen. Hierzu gehört auch das Bejahen und Einordnen der Sexualität, das Aufheben von Verdrängungen, die Harmonisierung der inneren Gegensätze. Auch der „Schatten“ will angenommen sein, wie die existentielle Begrenztheit, das Versagen, die Schuldhaftigkeit u.a. Ohne das Ordnen oder auch Auflösen dieser Kräfte und Vorgänge kann der Mensch nicht reifen. Er kann vor

allem nicht in gute, tragfähige Beziehungen zu anderen treten.
In diesen Prozessen der Selbsterkenntnis, der Identitätssuche, dem Streben nach Reifung zur Ganzheit muß der Mensch mehr als sich selbst erfahren, wenn er sich in seiner Ganzheit erkennen und erfahren will. Der Mensch ist nämlich sich selbst entzogen. Er braucht einen Standort außerhalb seiner selbst, eine Kraft, die von außen wirkt, denn „der Mensch wird nur von außerhalb seiner zum ganzen Menschen“ (Keintzel).
Mit anderen Worten: Ohne Bezug auf die umgreifende Wirklichkeit, auf den lebendigen und personalen Gott, kann der Mensch nicht zu sich selbst finden. Er vermag es auch nicht, seine Ganzheit zu erfahren und zu vollziehen.

Zum zweiten Bezugsfeld:

2. Die Bezogenheit auf Gott, das Leben im Glauben

Hier erfährt der sich selbst suchende und entdeckende Mensch die befreiende und beglückende Tatsache, daß Gott im Anrufen der Person die Beziehung zu sich selbst bereits hergestellt hat und immer noch ermöglicht. Das Personsein und die Ganzheit des Menschen ist im Akt der Schöpfung bereits angelegt, die Identität ist vorgegeben. Deshalb steht vor dem Imperativ „Werde!“ immer schon der Indikativ „Du bist!“.
Der Satz „Werde, der du bist!“ ist also kein bloßes Wortspiel, sondern ein Programm. Gott schafft durch sein Wort, in dem er spricht, also den Menschen anspricht. Die Ganzheit des Menschen ist gegeben, nun kann sie zur Aufgabe werden!

Aus der Gottesbeziehung erfolgt die Sinngebung, die Gestaltung und Meisterung des Lebens. Hier finden die Erfahrungen von Angenommensein, Liebe und Vergebung statt. Aus dieser Beziehung heraus entsteht Urvertrauen, die Bekräftigung des in der Kindheit empfangenen Vertrauens und die Vertrauensfähigkeit. Es entwickelt sich das Gefühl für Verantwortlichkeit. Verantwortungsbewußtsein steigert sich zur Verantwortungsbereitschaft, und diese wird in die Praxis übertragen.
Daraus folgt das Engagement für den Mitmenschen, die Entfaltung der ethisch-sozialen Beziehungen im Sinne des Dienstes am Leben und der Hingabe an den anderen. Hieraus wiederum entwickeln sich die Kräfte der Kreativität, die Gemeinschaftsfähigkeit, Phantasie, Organisationstalent u.a.m.

Zum dritten Bezugsfeld:

3. Das Verhältnis von Ich und Es (Unbewußtes)

Es kommt im Laufe der Reifezeit und später zu Auseinandersetzungen zwischen dem Bewußtsein mit seinem Kern, dem Ich (Willen) — und den unbewußten Inhalten und Vorgängen der Triebenergie. Auch die bisher verborgenen Wesensseiten, die verdrängten Einstellungen und Wünsche, melden sich. Diese werden durch Begegnungen mit Menschen, mit der Literatur und durch Medien (Fernsehen), aber auch durch die Reifungsvorgänge geweckt oder verstärkt. Seit einigen Jahren üben die Bücher Hermann Hesses einen sehr starken Einfluß auf Schüler und Studenten aus. In Hesses Büchern wird die Bewußtmachung und Verwirklichung der verborgenen Wesensseite zum Programm erhoben.
Die Auseinandersetzung mit den verborgenen Kräften und Wirklichkeiten im Unbewußten hat bei vielen Menschen den

Charakter einer ständigen Reise in die Vergangenheit angenommen. Viele Menschen werden dabei von den Energien, den Bildkräften festgehalten und kommen somit nicht mehr von den negativen Geschehnissen in ihrem Leben los. Fast jeder will heute entdeckt haben, daß er ein unerwünschtes und deshalb ungeliebtes Kind sei, das deshalb nicht mit dem Leben zurechtkommen kann. Das negative Meditieren dieser richtigen oder auch fälschlich angenommenen Tatbestände führt zur Bildung von Komplexen, die nicht nur die persönliche Entwicklung, sondern gerade auch die Beziehungen zur Umwelt schwer behindern. Wichtiger ist das Aufdecken der Fluchtmechanismen und der Abwehrvorgänge. Viele Menschen flüchten in die frühkindlichen Phasen und verhalten sich dann entsprechend. Das Freiwerden von der Bindung an solche Vorgänge und Verhaltensweisen verhilft zur Verstärkung der Kontaktfähigkeit und ermöglicht die Hingabe und Reifung in den Beziehungen.

Zum vierten Bezugsfeld:

4. Die Familie als Primärgruppe

Der intensivste Beziehungs- und Begegnungsbereich ist die Familie. Alle anderen Gruppen können dagegen als sekundär bezeichnet werden. Was sich in jenen informellen und formellen Gruppen abspielt, ist — mit Einschränkungen — bereits primär im Bereich der Familie geschehen. Als erste Gruppe im Leben des Menschen ist und bleibt sie die Bezugsnorm für jede andere Beziehung, die im späteren Leben aufnommen, erlebt und gestaltet wird. Die Grunderfahrungen, die in früher Kindheit und späterhin in der Familie gemacht wurden, werden auf alle anderen Gruppen und Bezugspersonen übertragen. Es handelt sich dabei vornehmlich um die Grunderfahrungen der Liebe, der Geborgenheit, des Zusam-

menhalts, der Leistung, der Einordnung, der Sublimierung von Triebkräften u.a.m. Vor allem wird das soziale Empfinden geweckt und geprägt. Die Familie ist zugleich das Feld der Erprobung der eigenen Empfindungen und Gefühle, der Gaben und Kräfte.
Als Experimentierfeld für das Erproben von Rollen, für Kommunikation, Interaktion, für die Kanalisierung der Emotionen und der Triebansprüche nimmt die Familie vieles vorweg, was später an Schwierigkeiten bei der Selbstbehauptung, aber auch bei der Einordnung in die Gemeinschaft auf den einzelnen zukommt.
Die starken Fremdeinflüsse, die den Heranwachsenden geradezu erdrücken, können in der Familie neutralisiert, kontrolliert und korrigiert werden.

Zum fünften Bezugsfeld:

5. Der einzelne im Kraftfeld der informellen Gruppe

Der Familie als Gruppe am nächsten steht die informelle Gruppe. Sie wird so genannt im Gegensatz zur formellen Gruppe, die von Institutionen getragen und nach Gesetzen geregelt ist. Die informelle Gruppe formiert sich aus freiem Entschluß. Die Mitglieder wählen sich eine Gruppe aus, und die Gruppe trifft eine Auswahl, wenn sich andere um Aufnahme bewerben. So geschieht dies in Jugendgruppen, Freundeskreisen, Sportgruppen u.a.
Die Jugendgruppe zum Beispiel ist das Begegnungsfeld, das zugleich freundschaftliche Bezüge herstellt, aber auch das Übungsfeld für den Umgang mit sich selbst und mit der Außenwelt, der Gesellschaft, darstellt. Der Jugendkreis z.B. schafft dem Jugendlichen den Freiraum, den er für seine Personwerdung, für das Reifen zur Ganzheit unbedingt

braucht. Hier lernt er seine Lebensprobleme, die Probleme der Partnerfindung, die Schwierigkeiten im Alltag, die Fragen nach dem Lebenssinn und die Glaubensprobleme auszusprechen und zu meistern.
Die informellen Gruppen verhelfen zur Erlebnisfähigkeit und bieten Möglichkeiten der Erprobung und Erfahrung der eigenen Kräfte sowie der Begrenztheit der menschlichen Existenz. Sie stellen eine Alternative gegenüber der Konsumhaltung und der Flucht in den Rausch dar. Hier geht es um die Rettung des personalen Lebens und um die Entfaltung der Persönlichkeit.

Zum sechsten Bezugsfeld:

6. Das Leben in den formellen Gruppen

Die formellen Gruppen in Schule, Betrieb, beim Militär oder im Zivildienst u.a. prägen und bestimmen das Selbstverständnis, die Lebensauffassung und die Entwicklung des Jugendlichen nachhaltig.
Viele kommen total verändert aus dem Militärdienst zurück. Jugendleiter erleben die verändernde Wirkung durch den Arbeitsprozeß und die Moral, die am Arbeitsplatz herrscht, an ihren Jugendlichen. Der einzelne gerät in die Zwänge der Gruppe oder der sie beherrschenden Mitglieder. Die meisten vermögen sich nur durch totale Anpassung gegenüber den Regeln und Gepflogenheiten innerhalb einer Lehrlingsgruppe über Wasser zu halten. Viele leiden darunter, daß sie sich solidarisieren müssen, weil sie dadurch das Personale verlieren, das sich gerade erst langsam zu entwickeln beginnt.
So findet meistens ein ständiger Persönlichkeitsverlust statt, der die Selbstentfremdung vorantreibt oder mindestens zur Gespaltenheit führt. Daher rühren auch die Identitätsprobleme, unter denen junge Leute heute ganz besonders leiden.

a) Die Gruppe im Bereich der Schule

Schon im Kindergarten, doch viel stärker noch in der Schule, finden ständig Sozialisierungsprozesse statt, die dem Kind und später dem Jugendlichen die notwendige Anpassung, Einordnung und das Finden der Rolle gestatten oder erleichtern. Hinzu kommen die speziellen Lernprozesse. Hier schon entdeckt der Jugendliche, daß er ein anderer ist als zu Hause oder in der informellen Gruppe. Die Anpassungszwänge sind viel stärker, die Leistungskonflikte und das Konkurrenzdenken beherrschen das Feld und schränken die normalen Vorgänge im Gruppenleben ein. Eine große Rolle spielt die Beliebtheitsskala. Jeder bemüht sich, möglichst weit oben an der Spitze zu liegen, um Anerkennung, Bestätigung und Zuwendung zu empfangen. Ebenso spielen die Gefühle und Neigungen, die meist auf Antipathie und Rivalität beruhen, eine negative Rolle innerhalb einer Klasse und besonders in ihren Untergruppen, die sich aus diesen Gründen formieren.

b) Die formelle Gruppe im Betrieb

Auch im Betrieb am Arbeitsplatz wird der einzelne gezwungen, sich an die Gruppenmoral, die Normen und Ziele der Gruppe zu halten und sich immer stärker anzugleichen. Das Konformgehen wird auch hier belohnt, das Abseitsstehen bestraft, das Verfechten eigener Prinzipien bekämpft. Nur der Jugendliche, der mit einer gehörigen Portion an Ichstärke aufwarten kann und die Vorgänge innerhalb der Gruppe zu durchschauen vermag, ist in der Lage, ein Alternativprogramm zu entwickeln. Doch unter welchen Voraussetzungen trifft dies zu? Nur ein intaktes Elternhaus und die normative Kraft der formellen Gruppe vermögen die Persönlichkeit des Jugendlichen zu stärken.

Einordnung und Unterordnung sind am Arbeitsplatz stärker gefordert als in anderen Gruppen, aber auch Selbstbehauptung und Durchsetzungsvermögen. Daneben werden auch Eigenschaften des Durchhaltens, Lernwilligkeit, Kommuni-

kations- und Interaktionsbereitschaft erwartet und belohnt. Für das Leben in den formellen Gruppen und damit im gesellschaftlichen Bereich, gilt: Der einzelne soll sich gerade als Träger christlicher Werte in das Geflecht der Beziehungen hineingeben, sich dort engagieren und seine Werthaltung in die Gruppe einbringen. Er kann somit zum Korrektiv werden oder aber doch wenigstens am Meinungsbildungsprozeß teilnehmen. Die Probleme und Schwierigkeiten, denen er begegnet, können ihn sensibel machen für Not und Elend, aber auch zugleich den Blick schärfen für die Hintergründe des Bösen, für das Machtstreben, die Ichsucht, das Verfallensein des Menschen an das Relative.
Dies alles kann ihm zur Persönlichkeitsreifung dienen (vgl. Röm. 8, 28), sofern er aus der Christusbeziehung heraus lebt und dafür transparent wird (vgl. Röm. 12, 1—3).

III. Die Vorgänge innerhalb der Gruppe

1. Was verstehen wir unter Gruppe? (Definition)

Wir wählen hier das Blickfeld „informelle Gruppe" aus und wenden uns speziell der Jugendgruppe oder dem Freundeskreis bzw. der Erwachsenengruppe zu. Die im Anschluß an die Definition zur Darstellung kommenden Vorgänge treffen allerdings mehr oder weniger auf alle Gruppen, auf jede Gemeinschaft zu. Was aber nun ist oder soll „Gruppe" sein?
Eine Gruppe hat ihren Ursprung dort, wo zwei oder mehrere Personen aus einem Gleichgestimmtsein heraus — aus gefühls- oder verstandesmäßigen Gründen — sich um eine gemeinsame Mitte formieren.
Diese gemeinsame Mitte kann zum Beispiel im elementaren Erleben der Natur (Schöpfung) gefunden oder gefahren werden. Ebenso kann die Erkenntnis der Ungerechtigkeit und

das Engagement für Leidende und Unterdrückte als Ausgangsbasis für eine Gruppenbildung dienen.
Es kann auch ein Mensch sein, etwa der zum Ideal erhobene, verehrte Leiter oder eine Persönlichkeit, mit der man sich identifiziert und damit anzugleichen sucht.
Ebenso können es Grunderfahrungen sein, die sich zur gemeinsamen Mitte verdichten, etwa das Erlebnis einer Gefahr und die sich daraus entwickelnde Freundschaft mit dem „Gefährten".
Christliche Gruppen, die auf der Glaubensbasis entstehen, sind auf die gemeinsame Mitte = Jesus Christus angelegt und bezogen. Sie erfahren und vollziehen so das Überschreiten (Transzendieren) aller Identifikationsgrößen und -inhalte wie: Bezogenheit auf den Leiter, Freund, Idealbild oder: Nähe, Geborgenheit, Liebe, Begeisterung, Naturerlebnisse, alternatives Lebensprogramm u.a.m.

2. Welche Vorgänge können nun als ganz normales Geschehen innerhalb einer Gruppe angesehen werden?

Man kann die hier zur Darstellung kommenden Vorgänge als Gruppenprozesse sehen, die nicht unbedingt im Sinne von aufeinanderfolgenden Stadien zu verstehen sind. Sie stellen ein komplexes (verknüpftes) Geschehen dar und können nicht scharf voneinander abgegrenzt werden.

Rollenverteilung
Interaktion
Kommunikation
Identifikation

a) Die Identifikation

Man versteht darunter Vorgänge des Ausgleichens, der Gleichsetzung mit anderen Gruppenmitgliedern und schließlich mit der Gruppe als solcher, deren Normen und Ziele man zu den eigenen macht oder als deren Repräsentant man sich fühlt. Es kommt darauf an, was und wieviel an Identifikationsmöglichkeiten geboten wird. Zum Beispiel lassen Ausstrahlungen von Geborgenheit, Vertrauen, Verständnis und Liebe das *Gefühl der Nähe* aufkommen und erstarken. Heute ist das Angebot zur Solidarisierung sehr rasch vorhanden. Man gibt Gleichaltrigen zu verstehen, daß man wie sie empfindet und unter dem gleichen Leidensdruck steht. Diese Solidarisierung z.B. bekräftigt das Gefühl der Nähe. Das Gefühl der Nähe wiederum fördert die Bereitschaft zur Identifizierung und ermöglicht so das Zusammenwachsen der Gruppe. Die Vorgänge der Identifikation können als erste Formen der Liebesempfindung und der Liebesäußerung verstanden werden. Es ist die begehrende Form der Liebe, die mit „Eros“ charakterisiert wird. In dieser Liebe liegt das Moment der Verehrung, des Hinaufschauens oder des Schwärmens, aber auch der Eifersucht und der Neigung zur „Einverleibung“ des anderen.

b) Die Kommunikation

Identifikation, Gefühl der Nähe, Bildung des Wir-Gefühls sind die Voraussetzungen für die Vorgänge der Kommunikation. Was verstehen wir darunter? Es geht dabei um das Sich-Mitteilen in jeder nur denkbaren Beziehung:

1. Miteinander leben und erleben, darüber nachdenken.
2. Austausch von Erfahrungen aus dem persönlichen Bereich (Schwierigkeiten, Probleme, Erfolge, Glaubenserfahrungen u.a.)
3. Erwerb und Weitergabe von Kenntnissen, Wissen, Fähigkeiten.
4. Gemeinsames Orientieren am Wort Gottes, Gebet.

Eine gut funktionierende Gruppe ist der Ort, wo dem einzelnen und der Gemeinschaft neue Energien erschlossen werden. Die gegenseitige Befruchtung verhilft zur Reifung und

Wandlung. Schon im Erfahrungsaustausch wird angelegte Energie in Bewegung umgewandelt. (Vgl. $E_{pot} = E_{kin}$.)
Unerläßlich für das Funktionieren von Identifikation und Kommunikation ist das gemeinsame *Bezugsschema.*
Es besteht in den wichtigen Gemeinsamkeiten einer Gruppe: 1. Gemeinsames Interesse, 2. Gemeinsame Wertvorstellungen, 3. Gemeinsame Erfahrungen, 4. Gemeinsame Mitte des Lebens: Jesus Christus.

Wie und wodurch kommt es zur Kommunikation?

Kommunikation vollzieht sich in Worten, durch Mimik, durch Ausdrucksbewegungen, durch Zuwendung in jeder Form, aber auch durch emotionales Schweigen, eben durch alles, was Mitteilungscharakter hat.
Die Vokabel Kommunikation hat überdies noch tiefere Bedeutungsgehalte. Man versteht darunter:
1. Das Füreinander-da-sein, 2. das gegenseitige Sich-erschließen, 3. das liebende Kämpfen um Wahrheit durch gegenseitiges Korrigieren und durch Einbeziehung des alternativen Standpunktes, 4. das Ausleihen der eigenen Denkmethoden, 5. die Überwindung von Antipathie und Vorurteil durch Annäherung u. a. m.

Kommunikationshindernisse

Das sogenannte Kommunikationsnetz einer Gruppe kann in seiner Wirksamkeit stark beeinträchtigt werden. Dies geschieht durch entgegengesetzte Interessen und Einstellungen von einzelnen Mitgliedern und von Untergruppen (Cliquen).
Wir müssen es hinnehmen, daß z. B. die Jugendgruppe heute nicht mehr die einzige Bezugsgruppe eines Jugendlichen sein kann. Er lebt in einem großen Geflecht von Beziehungen, die ihn beeinflussen und fordern.
Überaus stark wirkt die sogenannte „peer-culture“ heute auf Kinder und Jugendliche ein. Wir verstehen darunter die von

Managern der Vergnügungsindustrie und anderen Wirtschaftszweigen initiierte und von Medien gesteuerte Jugendkultur, die auf völlige Gleichschaltung abzielt. Man trägt die gleiche Kleidung, findet die bestimmte „Musik“ irre gut, liest die gleichen Magazine, treibt sich in Diskotheken herum, läßt sich von Meinungsmachern und Einpeitschern manipulieren.
Diese „peer-culture“ (= Ausrichtung an Gleichaltrigen) drängt sich stark in die Jugendgruppen und noch stärker in die formellen Gruppen hinein, bestimmt die Kommunikation und das gesamte Gruppenleben.
Die Herabsetzung der Wirksamkeit der Kommunikation erfolgt natürlich auch durch die Spezialisierung der Untergruppen, die sich von der Gesamtgruppe absetzen und ihre eigenen Kommunikationsnetze spannen. So erscheint eine Untergruppe z.B. nur noch zum Tischtennisspielen und meidet die Kommunikation mit den anderen. Partnerschaftliche Beziehungen können ebenfalls stören. Wenn z.B. zwei Verliebte sich während der Gruppenveranstaltung die Händchen halten, hemmt dies den Fluß der Kommunikation und die Interaktion der Gesamtgruppe.

c) Die Interaktion

Man kann diesen Begriff mit „Wechselwirkung“ erklären. Interaktion bedeutet die wechselseitige Beeinflussung durch Kommunikation. Interaktion beschränkt sich nicht auf eine einzelne Mitteilung, sondern erstreckt sich auf wechselseitige Abläufe von Informationsaustausch.
Dieser Austausch erfolgt verbal — also durch das Sprechen — aber auch nonverbal — durch Hörsignale z.B. durch Kopfnicken oder durch Handbewegungen, die etwa eine Aufforderung zum Anpacken einer Zeltplane darstellt u.a.m. Dadurch werden die sozialen Beziehungen untereinander verstärkt.
Der Ablauf von Informationsaustausch beeinflußt die Verhaltensweisen der Partner wechselseitig. Wir erinnern uns

vielleicht an zunächst schwache Protestäußerungen einzelner, die auf andere übergreifen und sich verstärken. Die Denkweise und das Verhalten des einen Mitglieds einer Gruppe verändert also durch Interaktion das Denken und Verhalten des anderen. Die Vorgänge der Interaktion verstärken z. B. die Lernbereitschaft, die durch das Beachtungslernen und im Handlungslernen ihren Ausdruck findet. Gerade in der Vorpubertät sind diese beiden Arten des Lernens äußerst wirksam. Doch auch in späteren Entwicklungsperioden verstärken die Interaktionen das Handlungslernen, das man auch als „learning by doing“ bezeichnen kann.
Gefahr für den einzelnen droht dann, wenn die interaktionellen Vorgänge gesteuert werden und wünschenswertes Verhalten erzwungen wird. Wir denken dabei an ideologische Manipulation, die das Verhalten der Gruppenmitglieder, aber auch ganze Gruppen zu regulieren versucht.
Positiv sind die interaktionellen Vorgänge dann zu werten, wenn sie Eigeninitiative und Verantwortung beinhalten. Der Flieger und Schriftsteller Exupéry drückt die Akte interaktioneller Kameradschaft mit den bekannten Worten aus: „Kameraden dürfen sich nur Menschen nennen, die in der gleichen Gruppe angeseilt demselben Gipfel entgegenstürmen, um ihn gemeinsam zu erreichen.“ Diese Beschreibung kann auch als Definition für das Wesen einer informellen Gruppe gelten.

d) Rollenverteilung und Rollenverhalten

Jugendliche erleben bekanntlich den Widerstreit gegensätzlicher Antriebe und Gefühle. Sie suchen Geborgenheit, Sicherheit, Bindung — und verwerfen sie doch gleichzeitig wieder, weil sie dem Freiheitsdurst und dem Streben nach Unabhängigkeit entgegenlaufen. Wenn die Gruppe dann weiter als Bezugsnorm dient, so hängt dies mit dem höheren Organisationsniveau zusammen, das gleichzeitig Freiheit, Eigeninitiative und Bindung ermöglicht.
Es entsteht da, wo die einzelnen Gruppenmitglieder ihre ganz

bestimmten, auf sie zugeschnittenen Rollen übernommen haben und sich entsprechend verhalten. Allerdings sind die rasch ausgewählten oder einfach zudiktierten Rollen oft nicht von langer Dauer. Die Rollenübernahme entwickelt sich aus der Wechselwirkung zwischen dem möglichen Rollenträger und den Erwartungshaltungen, die vom Leiter und vor allem von der Gruppe selbst ausgehen. Man wächst also in die Rolle hinein. Wer nicht über soziale Einstellung und über Fertigkeiten verfügt, ist allerdings kaum dazu geeignet, die Erwartungen der anderen zu erfüllen.

Bei der Rollenübernahme sind die Erfahrungen, die in der Familie gemacht wurden, von großer Bedeutung. Die Familiensituation dient meistens als Antriebsfaktor und als Vorlage. Man kann das Rollenverhalten als eine Wiederholung von Verhaltensmustern und eingeübten Denk- und Handlungsabläufen bezeichnen. Der Wiederholungszwang folgt sehr stark dem Lustprinzip oder ist an starke Eindrücke oder an frühere Befriedigungssituationen gebunden.

Ein Junge, der zum Beispiel in Mutters Küche zum Backen von Süßigkeiten motiviert wurde und Freude an den Vorgängen wie am Produkt selbst gewann, dabei also noch die Lösung einer Befriedigungssituation erfuhr, wird rasch zum „Smutje" seiner Gruppe aufsteigen können. Ist er dazu gewitzt und kann die Gruppe etwa bei Regentagen unterhalten, dann steigt er im Ranggefüge noch höher und gewinnt stetig an Macht und Einfluß. Dadurch steigert sich sein Lustgewinn.

Verschiedene Arten von Rollen

Es gibt aktive und passive Rollen. Man kann sie nach der sozialen Funktion, nach speziellen Aufgaben oder nach dem Grad der Anerkennung innerhalb der Gruppe einteilen:

So kennen wir entsprechend der *sozialen Funktion:* Meinungsmacher, Impulsgeber, Vermittler, Besserwisser, Protestierer, aber auch: Außenseiter, Sündenböcke u.a.

Nach der *speziellen Funktion* auf Grund von Eigenschaften

und besonderen Fertigkeiten: Organisatoren, Finanzminister, Praktiker für Lageraufbau, Waldläuferspezialisten u.a. Nach dem *Grad der Geltung:* Führer, Verantwortliche, Mitarbeiter aber auch Mitläufer, Konsumenten u.a.

Maßgebende Faktoren beim Rollenverhalten

1. Das Rollenverhalten ist abhängig von der Erwartung der Gruppe, vom Gruppenziel, von der Bezugsnorm, von den bisherigen Identifikationsinhalten und den entsprechenden Objekten, vom Vorbild oder Leitbild. Der Rollenträger verfolgt Ziele, die der Erwartung und seiner Rolle entsprechen.
2. Neben den Faktoren: Persönliche Konstitution, eigene Familiensituation, Erziehung und Prägung durch die Umwelt, die das Verhalten nachhaltig beeinflussen und prägen, spielt das Lust-Unlustprinzip eine gewichtige Rolle. Es handelt sich um das Streben nach Lustgewinn und den Wunsch nach Vermeidung von Unlust.
3. Bereits geprägte Verhaltensmuster, Denkmethoden, eingeübte Handlungen aus dem familiären Bereich laufen im Sinne des Wiederholungsgesetzes ab. Es gibt Wiederholungszwänge, die nicht vom Lust-Unlustprinzip gesteuert werden, sondern von erlittenen Ereignissen und Erfahrungen.

Gefahren, die bei der Rollenverteilung entstehen können

1. Es kann zu einer Fixierung, d.h. zu einem Verhaftetsein an die bestimmte Rolle kommen. Dies geschieht etwa dann, wenn verstärkte Minderwertigkeitsgefühle zu einer Überkompensation geführt haben. Der Rollenträger versucht dann z.B., seine schulischen Mißerfolge auszugleichen, indem er sich in die Jungschararbeit stürzt und keine Grenzen mehr kennt.
Die Rollenfixierung kann auch zur Herausbildung besonderer Privilegien führen, zur Einseitigkeit, Sturheit und Herrschsucht. Die dienende Funktion der Rolle wird dann in Herrschaft über andere verkehrt.

2. Durch die Herausbildung und Verstärkung von speziellen Rollen kann es zur Bildung von Untergruppen (Cliquen) kommen. In diesen Untergruppen finden die Vorgänge der Identifikation, Kommunikation und Interaktion verstärkt statt und führen zu einer Belebung der Teilgruppe. Diese Belebung zieht auch andere Mitglieder an und begünstigt die Separation (Motto: „Dort ist mehr los…").
3. Daraus folgt in diesen Untergruppen zwar die Verstärkung des Zusammenhalts oder des Binnenkontakts — also des Wir-Gefühls, aber der Gesamtgruppe ist dies abträglich. Sie verliert an Binnenkontakt und an Bindungsfähigkeit. Damit ist sie dem Zerfall preisgegeben.
Der zu intensive Binnenkontakt wiederum verführt die Mitglieder der Untergruppe zu Gruppenegoismus, zu Vorteilen und zu Überheblichkeit besonders Außenstehenden gegenüber. Das Denken und Verhalten vieler elitärer Gruppen ist davon geprägt.
Diese Gefahren sind auch der Bibel nicht unbekannt. Alle hier aufgezeigten Vorgänge innerhalb einer Gruppe, aber auch im Menschen selbst, finden z.B. in Philipper 2,1—5 ihre Entsprechung, Wertung, Ausrichtung und Erfüllung. Dieser Text kann geradezu als ein Programm für die Sozialpsychologie gelten und zu Problemlösungen beitragen.

„Ich bitte euch: Wir nehmen voneinander Mahnungen an wie von Christus selbst, wir lieben und trösten einander, wir gehören durch Gottes heiligen Geist zusammen, wir sind geübt, aneinander Anteil zu nehmen und alles, was schwer ist, miteinander zu tragen.
Wenn das so ist, dann macht mir eine Freude: Haltet mit ganzem Herzen zusammen. Denkt und sucht und liebt das eine, auf das es ankommt. Tut nichts im Streit oder aus törichtem Ehrgeiz. Laßt die Regel gelten: Jeder denkt von sich selbst gering und stellt immer den anderen, mit dem er gerade zu tun hat, höher als sich selbst. Jeder ist selbst unwichtig. Wichtig ist immer der andere. Jeder halte sich Christus vor Augen und gehe im Herzen seinen Weg mit." *(Phil. 2, 1—5 nach J. Zink.)*

Sechstes Blickfeld:

„Sorgenkinder"

I. Wie kann man Kindern und Jugendlichen helfen?

Sie sitzen uns im Jugendkreis oder in der Schulklasse gegenüber. Vielleicht sind sie uns bisher überhaupt noch nicht aufgefallen. Vielleicht haben wir uns mit einem bestimmten Sorgenkind beschäftigt und darüber die anderen und ihre Nöte übersehen oder sie wiederum vergessen? Plötzlich jedoch werden uns die Augen für die Vielzahl der „Fälle" geöffnet. Irgendwann sehen wir die Symptome, jene versteckten Äußerungen des Unbewußten, die auf dahinterliegende Fehleinstellungen und Konflikte, auf Spannungen und Schwierigkeiten hinweisen.
Wer genau hinsieht, der entdeckt kaum ein Kind, das nicht unter Verhaltensstörungen leidet und bei dem nicht bereits körperliche und seelische Auswirkungen vorhanden sind. Viele der uns anvertrauten Kinder und Jugendlichen besitzen eine ausgesprochene Neurose-Struktur. (→ Seite 120.)
Vor uns sitzt vielleicht Ralph und schaut uns beim Erzählen mit großen Augen an. Wir haben vergessen, daß er vor einigen Monaten beim Tierquälen ertappt wurde. Wir waren darüber erschrocken, haben uns dann aber mit der Feststellung beruhigt, daß Kinder eben eine solche Phase des Sadismus durchmachen und sich später dann doch ganz normal weiterentwickeln. Nun sehen wir plötzlich, daß Ralph sich

während der Erzählung regelrecht in seinen Pullover verkriecht. Was bedeutet das? Er versucht ganz unbewußt, sich zu verstecken. Anscheinend ist die alte Sache doch noch nicht in Ordnung gebracht worden. Was signalisiert das Unbewußte? (→ Seite 150.)

Unser Blick geht weiter und bleibt vielleicht bei Marion hängen. Wissen wir darüber Bescheid, daß Marion immer noch einnäßt? Kennen wir die Hintergründe? Wissen wir, daß Marion seit der Geburt ihres jüngeren Bruders einen Komplex hat? Sie hat den Liebesentzug nicht verkraften können. Und nun reagiert sie auf diese Weise und leidet doch zugleich darunter. Marion bräuchte dringend eine Bezugsperson, die ihr Verständnis entgegenbringt und der sie ihr Vertrauen schenken kann. (→ Seite 35.)

Weiter hinten sitzt Ekkehard. Er fällt durch sein scheues und gehemmtes Wesen auf. Was ist nur mit ihm los? Befindet er sich schon in der ersten Phase der Reifezeit? Macht er eine verfrühte Pubertät durch? Wahrscheinlich wird Ekkehard damit nicht fertig. So signalisiert er seine Probleme und Schwierigkeiten, indem er versucht, seine Glieder zu verbergen. Unruhig rutscht er auf seinem Platz hin und her. Ständig zieht er seinen Pullover über die Hände. Er kommt mit den Triebansprüchen nicht zurecht und benötigt deshalb dringend ein „hinaufklärendes" Gespräch. (→ Seite 164.)

Nicht weit von Marion entfernt sitzt Tanja. Sie kleidet und benimmt sich auffällig. Oft ist sie ausgesprochen aufsässig und gibt freche Antworten. Vor einigen Tagen hatte der Lehrer sie der Lüge überführt. Darauf hatte sie geantwortet: „Und wann haben Sie das letzte Mal gelogen?" Es sind verstärkte Minderwertigkeitsgefühle, von denen Tanja geplagt wird. Wahrscheinlich leidet sie unter der Vorstellung, nicht gut auszusehen. Doch wer weiß das schon? (→ Seite 88.)

Und Thomas, der Faulpelz, warum ißt er bei jeder Gelegenheit? Man sieht ihn ständig beim Kauen. Was steckt wohl dahinter? Welche Mangelerscheinung will er damit ausgleichen? Oder verbirgt sich tatsächlich ein organisches Leiden

hinter seiner Eßlust? Warum nur kann er so schwer zur Mitarbeit motiviert werden? (→ Seite 197—198.)
Dann bleibt der Blick vielleicht auf Achim hängen. Er wurde vor einiger Zeit beim Diebstahl erwischt. Es ging nur um eine Kleinigkeit. Doch wie konnte es dazu kommen! Achim kommt aus gutsituierten Verhältnissen. Seine Familie ist in Ordnung. Woran kann es denn liegen? Gibt es echte Hintergründe oder handelt es sich vielleicht nur um eine Anstiftung durch andere — oder um eine „Mutprobe"? Welche Rolle spielt Achim in der Gruppe? Ist Achim charakterlich labil? (→ Seite 188—197.)
Mit einem Seufzen wenden wir uns in Gedanken den übrigen Kindern und Jugendlichen in unserem Jugendkreis oder in der Schulklasse zu. Sind uns die Symptome bei ihnen nur noch nicht aufgefallen — oder liegen tatsächlich keine vor? Vielleicht schwelt der Konflikt bereits in der Tiefe und hat sich noch nicht zum Komplex verfestigt? (→ Seite 83.)
Wie soll der Jugendleiter oder der Lehrer mit all diesen Problemen und Schwierigkeiten seiner Gruppe oder seiner Schulkinder fertig werden? Können wir überhaupt jedem Einzelfall, jedem einzelnen Kind gerecht werden? Können wir wirklich helfen?
Wenn wir den Möglichkeiten der Hilfeleistung skeptisch gegenüberstehen, was können wir jedenfalls verhindern? Und was können wir durch unser eigenes Fehlverhalten verschlimmern?
Die uns anvertrauten Kinder und Jugendlichen erwarten unsere Hilfe. Sie erhoffen sich wenigstens Verständnis und keine Verschärfung ihrer Probleme durch unsere Blindheit oder durch unser falsches Verhalten.
Wenn wir uns mit den Nöten und Schwierigkeiten anderer beschäftigen, wächst uns auch Erkenntnis zu. Wir gewinnen den Blick für die besondere Situation und lernen es, die Ursachen und Hintergründe aufzusuchen und zu erforschen.

Wenden wir uns nun den „Sorgenkindern", ihren Problemen, ihren Fehlhaltungen und ihren Konfliktsituationen zu, um damit zur Lebenshilfe motiviert zu werden. (→Seite 215.)

II. Wenn Kinder lügen

Wenn Kinder lügen, handelt es sich meistens um eine Flucht in die magische Welt des Kleinkindes. Die Lüge kann als ein Rest des magischen Denkens überhaupt gesehen werden. Kinder bis zum Alter von etwa acht Jahren können nicht exakt zwischen Traum und Wirklichkeit unterscheiden. Sie leben bis zu dieser Zeit im Zustand der „Pseudologia phantastica“, einer Neigung zum lügenartigen Phantasieren, das zum Teil aus wirklichen Tatbeständen und zum Teil aus traumhaften Einbildungen und Wunschvorstellungen besteht.
Die Traumwelt kann aber für ein Kind viel wichtiger und realer sein als die Wirklichkeit. Deshalb kommt es bei ihm auch zu Aussagen, die mit der tatsächlichen Wirklichkeit in keinem Zusammenhang stehen.
Phantasiert ein Kind über das Alter acht bis zehn hinaus, so müssen die Ursachen dafür aufgedeckt werden: Auch der Zweck des lügenhaften Phantasierens sollte erkannt werden. Ferner muß man auf die Inhalte und die äußeren Anlässe genau achten, um die Tendenz zu erkennen.
Bei der Beurteilung des kindlichen Lügens darf auf keinen Fall der Maßstab angelegt werden, den man Erwachsenen gegenüber gebraucht, weil es sich meistens nicht um ein vorsätzliches und bewußtes Lügen handelt.

Folgende Arten von Lügen sind zu unterscheiden:

1. Die kindliche Phantasie-Lüge

Gerade diese Form der Lüge deutet auf eine starke Einbildungskraft und ein Verharren in der Phase der „Pseudologia phantastica“ hin. Die durch keine Vernunftbarriere gehemmte Phantasie läßt das Kind für den Erwachsenen völlig unverständliche Aussagen machen. Es kann zum Beispiel

erzählen, es wäre von einem Mann angefallen worden oder es habe eine große Reise in ein bestimmtes Land gemacht, was aber tatsächlich nur in der Phantasie geschah.
Ein solches Phantasieren kann nicht schlechthin als Lüge bezeichnet werden. Wenn das Kind dabei keinen anderen Spielgenossen oder Mitschüler schädigt, sollte es nicht bestraft werden. Allerdings ist der erzieherische Hinweis zur Unterscheidung von „Dichtung und Wahrheit" notwendig. Wenn Kinder, die älter als zehn Jahre sind, auf diese Weise lügen, müssen die Ursachen aufgedeckt werden. Gezielte seelsorgerliche Hilfe ist dann von Nöten. (→ Seite 78.)

2. Die Kompensations-Lüge

Diese Form der Lüge hat verschiedene Ursachen. Sie können milieubedingt sein, d.h. durch soziale Unterschiede entstehen. Kinder, deren Eltern weniger gut situiert sind, versuchen in der Gruppe oder in der Schule, sich durch angeberisches Erzählen und Auftischen von faustdicken Lügen in ein besseres Bild zu rücken.
Oft sind solche Lügen auch der verzweifelte Versuch, das gekränkte Selbstwertgefühl zu stärken. Geistig oder körperlich benachteiligte Kinder und Jugendliche werden es immer wieder versuchen, ihre Minderwertigkeitskomplexe durch Prahlerei und durch Lügen auszugleichen.
Auch hier haben Strafen keinen Sinn. Sie verstärken nur die Frustration und die Minderwertigkeitsgefühle. Man sollte das Kind behutsam dahin führen, daß es seine Situation und auch seine Herkunft bejaht und sein verstärktes Minderwertigkeitsgefühl auf andere Weise — etwa durch gute Leistung — auszugleichen versucht. (→ Seite 87—88.)

3. Die Lüge aus dem Schuldbewußtsein heraus

Die Mehrzahl der Lügen dienen zur Kompensation des Schuldbewußtseins oder zur Beseitigung von Schuldgefühlen.

Den Erwachsenen mutet es merkwürdig an, wenn ein Kind trotz der erwiesenen Schuld alles leugnet oder versucht, den Verdacht von sich abzuwälzen, selbst wenn es auf frischer Tat ertappt wurde. Dieses Verhalten entbehrt zweifellos jeder Logik. Es ist durch Reflexe und durch Instinkte bedingt. Der Erwachsene muß dem Kind die Angst vor der Strafe nehmen und ihm zeigen, wie es mit seiner Schuld fertig werden kann durch Bekennen und Wiedergutmachen. Der Akt der Vergebung muß regelrecht ins Bewußtsein gehoben werden.

4. Die Lüge aus Angst

Ein Kind lebt mehr in Ängsten als Erwachsene ahnen. Schon das Kleinkind ist einer Vielzahl von Ängsten ausgesetzt, z.B. die Angst vor dem Verlust der Bezugsperson oder die Angst vor Verstümmelung. Selbst der Jugendliche hat große Angst vor Zornesausbrüchen seiner Eltern oder vor schonungsloser Strafe. Man denke nur an die Tragödien, die sich wegen Nichtversetzung am Ende des Schuljahres abspielen. (→ Seite 197—198.)
Angst kann nur durch Vertrauen abgebaut werden. Befragungen, die einem Verhör ähneln, bringen keine Resultate und beseitigen das Lügen nicht.
Nur die Nähe zu einem Kind vermag ein Vertrauensverhältnis zu schaffen. Gerade der Gruppenleiter — aber auch der Lehrer — vermag es verhältnismäßig leicht, Vertrauen aufzubauen und dem Jugendlichen Partner zu sein.

5. Das Lügen zum Nachteil anderer

Es gibt zweifellos auch ein berechnendes Lügen, das, weil es oft Erfolge bringt, zur Gewohnheit werden kann.
Wird ein anderer zu Schaden gebracht, muß dieses Lügen in besonderer Weise geahndet werden. Allerdings müssen die

Ursachen aufgedeckt werden. Sie sind in unbewältigter Aggressionslust oder im Haß begründet. (→ Seite 185—188.)
Es kann auch vorkommen, daß ein Kind aus einem Schuldbewußtsein heraus ein anderes Kind denunziert, indem es seine Schuld hinausverlagert, um sie selbst loszuwerden. Fälschliche Beschuldigungen spiegeln oft einen beim Lügner bestehenden Konflikt wider. Auch hier müssen die seelischen Vorgänge in der seelsorgerlichen Beratung bewußtgemacht werden.

6. Die triebhafte Lüge

Oft äußern sich Kinder in der Aussprache so: „Ich will nicht lügen, aber ich muß lügen ..."
Dieses Bekenntnis bestätigt den triebhaften Charakter der Lüge. Das Kind ist von der äußeren Wirklichkeit enttäuscht oder mit sich selbst unzufrieden. Dann versucht es, diese Unlust zu überwinden, indem es dem Triebdrang nachgibt und sich Verbotenes aneignet, z.B. Süßigkeiten. Oder es versucht, sich körperlichen Lustgewinn zu verschaffen, wird dabei ertappt und verstrickt sich in Lügen. (→ Seite 68.)
Das Schuldgefühl zwingt das Kind dazu, in der Verstellung zu verharren. Es findet nicht den Mut und die Kraft, sich aus dem Lügengespinst zu befreien.
Gerade in dieser Beziehung ist die Hilfe des Erwachsenen dringend von Nöten. Sie besteht nicht im Bagatellisieren des Zustandes, aber in der Ermutigung zum Leben, zur Auseinandersetzung mit der negativen Neigung und zur Stärkung des noch schwachen Ich. Das seelsorgerliche Gespräch und das helfende Geleit in den Reifejahren vermögen viel.

Bericht: Phantasie-Lüge

Klaus (12), Einzelkind, hat zwar immer eine Schar von Kameraden um sich, aber mit keinem dieser Jungen ist er richtig befreundet. Man

hört sich seine Phantasie-Lügen an, aber im Grunde wird Klaus abgelehnt.
Darunter leidet er und versucht zugleich, aus dem Teufelskreis herauszukommen, indem er seine Phantasie-Lügen ständig überbietet. Klaus selbst sind die Ursachen seines Lügens nicht bewußt. Sein Selbstwertgefühl ist stark beeinträchtigt. Keiner hätte vermutet, daß Klaus unter „Verlassensein" leidet. Auch sein kleiner Wuchs macht ihm zu schaffen. Deshalb versucht er, sich durch Lügen selbst aufzuwerten. Seine „Träume" sind für ihn so real, daß sich die Grenzen zwischen „Dichtung und Wahrheit" verwischen. Er merkt das nicht, aber die anderen registrieren das genau und stempeln ihn zum Lügner.
Nachdem die Ursachen der Fehlentwicklung bewußt werden und er gleichzeitig erfährt, daß er vom Gruppenführer trotzdem akzeptiert wird, hört er schlagartig auf zu lügen. Er verstummt zwar für einige Zeit, fängt dann aber neu an, sich seine Stellung durch Leistung zu erobern. Schließlich spielt er eine ganz normale Rolle als Jungscharhelfer bei Jüngeren und reift dabei weiter. (→ Seite 205—206.)

III. Probleme der Sexualität bei Kindern und Jugendlichen

Es muß leider noch immer gesagt werden, daß die Entwicklung der Sexualität im Kindesalter etwas völlig Normales ist. Schon in der frühen Kindheit durchleben Kinder verschiedene Entwicklungsphasen der Sexualität, die sie meistens gut durchstehen. (→ Seite 70; 120—122.)
Oft kommt es jedoch auch zu Störungen durch Fehlerziehung oder durch Traumata, die sich gerade während der Pubertät, aber auch im weiteren Leben verhängnisvoll auswirken können.
Entscheidend für die normale Sexualentwicklung ist die rechtzeitige Ablösung vom Selbst als dem persönlichen Objekt der Sexualität. Das Kind muß von der „Ich-Liebe" zur

„Du-Liebe“ reifen. Oft verbleibt es in einem „narzistischen Stadium“, der Selbstliebe, und kann keine oder nur ungenügende Kontakte zu einem Partner entwickeln. Von dieser Gefahr her ist das Problem der Onanie (Masturbation), also der Selbstbefriedigung, zu sehen und zu werten.
Wir gehen hier auf dieses Problem ein, weil es sich am häufigsten stellt. (→ Seite 68.)

Onanie beim Kind und beim Jugendlichen

Zur Selbstbefriedigung kann es schon im frühkindlichen Alter kommen. Während der Latenzperiode tritt diese Form der Sexualbetätigung wieder zurück, um dann während der Vorpubertät und besonders in der Reifezeit zu einer Dauereinrichtung zu werden.
Die ersten Versuche der Einschränkung oder der Abgewöhnung macht das Kind während der Latenzperiode. In der Reifezeit nimmt dieser Abgewöhnungskampf viel seelische Energie in Anspruch, so daß die schulischen Leistungen und das Interesse am Gruppenleben darunter leiden. (→ Seite 37—43; 81.)

Man unterscheidet zwei Arten der Onanie:

1. Die sogenannte Ventil-Onanie, die — wie das Wort sagt — als Ventil gegen den Überdruck der sexuellen Triebenergie (Libido) dient und die ein vorübergehendes Problem darstellt.

2. Die Sucht-Onanie. Diese ruft, wie alle anderen Zwangshandlungen, große seelische Konflikte hervor und treibt den Jugendlichen zur Verzweiflung. Gerade der pubertierende Jugendliche ist dann bereits einem Orgasmuszwang unterworfen, den sonst nur der erwachsene, sexuell Süchtige kennt. (→ Seite 202—206.)
Die Sucht-Onanie ist aber das eigentliche Problem. Zwar kann der Abgewöhnungskampf auch schon zu zwangsneu-

rotischem Verhalten führen. Doch erst die Sucht verursacht Neurosen, die das gesamte Leben des Jugendlichen negativ verändern und zu einem völligen Versagen führen können. (→ Seite 83—84.)

Auswirkungen der Onanie

Von der Onanie betroffen sind hauptsächlich erzieherisch vernachlässigte Kinder sowie Kinder, die bereits unter Schuldgefühlen leiden, und Kinder mit Minderwertigkeitskomplexen.

Die Verdrängung der Onaniewünsche ruft erfahrungsgemäß Schuldgefühle und Angst hervor. Die libidinösen Triebansprüche werden dadurch wiederum verstärkt. Die bedrükkenden Gefühle der Angst und der Schuld wollen durch ein neues Lustgefühl abgelöst werden.

Dieser Teufelskreis wirkt verheerend. Es treten immer neue und stärkere Schuld- und Angstgefühle auf, die den Jugendlichen um so stärker zu einem vermeintlichen Lustgewinn verführen. (→ Seite 69.)

Dieser wirkt sich aber als Verlust an Selbstwertgefühl und Selbstachtung aus und treibt letzten Endes in die Verzweiflung hinein.

Die Gefahren der körperlichen Auswirkungen sind früher meistens übertrieben worden. Bei der sogenannten Ventil-Onanie bestehen sie kaum. Anders ist es bei der Sucht. Sie führt in die Neurose hinein und bewirkt unter Umständen die Impotenz, d. h. die Unfähigkeit zum Zeugen.

Wie kann geholfen werden?

Betroffene Kinder und Jugendliche, die dem Gesetz einer Ventil-Onanie unterliegen, sprechen bekanntlich nicht gern über diese Nöte. Dennoch brauchen auch sie das „hinaufklärende“ Gespräch und die helfende Information.

Der süchtige Jugendliche ist zwar für Hilfe offen, aber das Gespräch reicht hier nicht aus. Es ist hier — wie bei allen Fällen der seelischen und körperlichen Abhängigkeit — eine intensive seelsorgerliche Behandlung nötig, die nicht davor zurückschreckt, den Psychologen oder den Arzt hinzuzuziehen.
Gelingt es aber, den Bereich der Gnade und das Kraftfeld Jesu zu erschließen, so kann auch der süchtige Jugendliche Befreiung und Erlösung erfahren. (→ Seite 76; 206.)

Hinweise für die Hilfe

1. Bei Kindern darf das Problem der Onanie nicht hochgespielt werden, sonst kann es zur Fixierung kommen. In den meisten Fällen handelt es sich um Ventil-Onanie, also um ein Übergangsstadium.

2. Die Schuldgefühle des Kindes dürfen nicht verstärkt werden, damit es nicht zur Angststeigerung und zum Wiederholungszwang kommt.

3. Schon der Appell zum Verdrängen der Sexualität und die dadurch bewirkte Verdrängung der Phantasie kann zur Beeinträchtigung der Sublimierung und der Spiel- und Lernfähigkeit führen.

4. Im Gruppenleben kann die sachliche Atmosphäre bereits lindernd wirken. Die Gelegenheit zum Sublimieren, die das Leben in der Gruppe fördert, verhilft dem Jugendlichen zur Distanz zu seinen Nöten und Problemen. (→ Seite 75—78.)

5. Schuldgefühle und Angst können durch seelsorgerliche Gespräche und durch den Zuspruch und das Erlebnis der Vergebung beseitigt werden.

6. Seelsorgerlicher Trost und Zuspruch wirken besonders stärkend auf Kinder und Jugendliche mit verstärkten Minderwertigkeitsgefühlen.

7. Das Erlebnis der Befreiung und Erlösung durch die Konfrontation mit Jesus bewirkt den Neuanfang (Bekehrung)

und damit die positive Auseinandersetzung und Bewältigung der Triebkonflikte. (→ Seite 205—206.)

Bericht: Sucht-Onanie

Matthias (13) fällt zunächst als introvertierter Typ durch sein Schweigen und seine Zurückhaltung auf. Bald erkennt der Jugendleiter, daß Matthias überhaupt keine positiven Beziehungen zu anderen hat und daß sein Verhalten Anzeichen einer Abhängigkeit aufweist. Matthias erschrickt beim Angesprochenwerden, sitzt oft abseits allein, starrt vor sich hin oder „schaukelt" unbewußt hin und her. Es gelingt erst nach wiederholten Versuchen, ihm näherzukommen und sein Geheimnis zu entlocken.
Matthias onaniert seit dem achten Lebensjahr zunächst vereinzelt, dann zunehmend, besonders nach Enttäuschungen, aber auch in Streßsituationen, z.B. vor oder nach Klassenarbeiten.
Zeitweise hat er Beziehungen zu einem älteren Jungen, mit dem er gemeinsam onaniert. Mit beginnender Pubertät steigert sich der Triebzwang und nehmen auch die üblichen Pubertätskonflikte zu. Matthias ist nicht in der Lage, seine Triebvorgänge zu steuern. Er leidet unter seiner Ich-Schwäche, unter Angst vor der Triebstärke und unter Schuldangst.

IV. Aggressive Kinder und Jugendliche

Aggressive Kinder sind meistens unglücklich. Sie setzen nicht nur der Gruppe oder der Schulklasse zu, sondern sie richten ihre Destruktionskräfte auch gegen sich selbst.
Schon die Ansätze sind leicht zu erkennen: Gequälter Gesichtsausdruck, abgebissene Fingernägel, Wiederholungszwang (Tick), untätiges Verharren und plötzliche unberechenbare Motorik.
Aggressive Kinder stellen für Gruppenarbeit und Unterricht wohl das größte Problem dar, weil sie Unruhe schaffen und den Ablauf der Veranstaltungen und das Gemeinschaftsleben empfindlich stören. (→ Seite 82.)

Ursachen und Hintergründe

Von „Natur" aus unterjocht und quält der Stärkere den Schwächeren. Kinder, deren Zensor und Gewissen noch nicht stark genug entwickelt sind, können oft grausamer als Erwachsene sein, wenn wir von den Exzessen in den Konzentrationslagern und in Gefängnissen und bei Massenpsychosen absehen.

Menschliche Grausamkeit läßt sich als Stauung von Furcht durch Erfahrungen der Unterdrückung im kollektiven Unbewußten erklären. Ob diese Erklärung allerdings ausreicht, ist eine andere Frage. Die Bibel sagt schlicht: Der Mensch ist der Sünde und dem Bösen verfallen und bedarf der Erlösung.

Der Mensch versucht, sich der früher empfangenen Gewalt und der erlittenen Furcht dadurch zu entledigen, daß er seine eigene Grausamkeit auf andere projiziert und in ihnen bekämpft und somit die Rolle des Henkers übernimmt.

Schon Säuglinge können in gewisser Weise ihre Zerstörungswünsche gegen die eigene Mutter, d.h. gegen die Mutterbrust, richten.

Kinder, die ständig unter Angst leiden oder gar Mißhandlungen ausgesetzt sind, richten ihre Aggressionen nicht nur gegen andere, sondern oft auch gegen sich selbst. Diese Vorgänge können dann zum Selbstmord führen. (→ Seite 210.)

Verstärkte Aggressionsaufstauungen können auch durch grausame Filmszenen oder sadistische Darstellungen in Büchern bewirkt werden. Diese wirken wie ein Signaleinfall. Zweifellos werden durch solche Erlebnisse auch Aggressionen abgebaut. Es kommt aber darauf an, mit welchen Personen die Identifizierung vorgenommen wird und ob die triebverzehrende Entladung im Filmablauf erfolgt oder nicht erfolgt (vgl. dazu den Film: „Der junge Törless").

Normalerweise wird die kindliche Grausamkeit durch Barrieren eingedämmt. Soziale Instinkte und entsprechende Erziehung zwingen im Laufe der Entwicklung zur Anerkennung und Achtung des anderen, auch des Schwachen.

Bei normaler sexueller Entwicklung stellt sich überdies das Bedürfnis nach Identifikation mit einer geliebten Person und das Zärtlichkeitsverlangen ein, das dann auf ganze Gruppen übertragen wird. (→ Seite 91.)
Allerdings werden verdrängte Aggressionslust und Sadismus dann gern auf außenstehende, fremde Personen und andersartige Gruppen übertragen. (→ Seite 92.)
Sadismus kann im Kind durch Quälereien seitens der Schulkameraden, durch Verfolgungen oder durch sadistische Mißhandlungen von Erwachsenen geweckt werden. Selbst die als harmlos geltende körperliche Strafe kann Sadismus begünstigen.

Wie kann man der Aggression und dem Sadismus wehren?

1. Gruppenführer, Jugendleiter und Lehrer müssen ein Auge dafür haben, was während ihrer Abwesenheit von der Gruppe oder der Schulklasse geschieht. Stichproben durch plötzliches Erscheinen im Klassenraum oder im Zelt bzw. in anderen Unterkünften sind einfach notwendig. Auch in Schulpausen und beim Vorführen von Dias ist ein Überprüfen der Situation nötig.
2. Das veränderte Verhalten von Kindern und Jugendlichen (Zurückgezogenheit, Bedrückung, Angst) muß sofort erforscht werden. Es gibt Kinder und Jugendliche, die in Abhängigkeit anderer geraten und geradezu ein Martyrium durchmachen. Internate, Schüler- und Lehrlingsheime bieten im besonderen Gelegenheiten für solche sadistischen Quälereien.
3. Die sozialen Instinkte sind zu wecken und zu verstärken durch die Einbeziehung in die Gemeinschaft und durch pädagogische Verstärker, die das Selbstbewußtsein heben.
4. Verschobene Haßgefühle müssen ebenfalls untersucht, auf ihre Herkunft hin erforscht und bewußt gemacht werden.
5. In der Jugendgruppe ist das Schaffen einer Atmosphäre der Geborgenheit und der Sicherheit am besten möglich.

Aber auch der Lehrer kann durch das Ausstrahlen von Güte korrigierend eingreifen und helfen, daß aggressive Kinder von der Liebe einfach überwältigt werden und nachzuahmen versuchen, was vorgelebt wird. (→ Bericht Seite 181.)

V. Wenn Kinder und Jugendliche stehlen

Dem Kleinkind ist der Begriff „Eigentum" noch fremd. Erst vom Trotzalter an kann die Unterscheidung zwischen „mein" und „dein" geklärt werden. Aber auch damit ist die Achtung fremden Eigentums noch nicht gegeben. Erst durch die Erkenntnis, daß das Aufgeben der Begierde nach fremdem Besitz dazu verhilft, das persönliche Eigentum zu schützen, unterwirft sich das Kind den Regeln.
Wenn der Eigentumsinstinkt schlecht entwickelt ist, sind die Voraussetzungen für den Diebstahl gelegt.

Wir können folgende Arten von Diebstahl unterscheiden

1. Diebstahl als Ausdruck verborgener Konflikte:

a) Der Konflikt des individuellen Unbefriedigtseins

Ursachen dafür können schon in den ersten Monaten liegen, wenn das Kind zum Beispiel nur ungenügend ernährt wurde. Das Gefühl des Zukurzkommens ist dann immer da. Später werden auch andere Dinge zum Gegenstand des Verlangens. Das zu kurz gekommene Kind greift zur Selbsthilfe.

b) Diebstahl als Auflehnung gegen die Umwelt

Ursachen dafür sind in tatsächlich erlittener oder auch nur eingebildeter Ungerechtigkeit zu suchen. Solche Erlebnisse

sind oft unbewußt, d.h. sie sind verdrängt worden und wirken unbewußt weiter.
Stehlende Kinder lehnen sich aber auch direkt gegen Anweisungen und Forderungen ihrer Umwelt auf, wenn sie das Gefühl haben, daß ihnen etwas vorenthalten oder weggenommen wird, ohne daß sie dafür Ersatz erhalten.

2. Diebstahl aus dem Schuldgefühl heraus

Wenn ein Kind bei einem Vergehen nicht ertappt wird, können sich Schuldgefühle so auswirken, daß das Kind zu erneutem Stehlen verleitet wird. Dahinter steht dann der Wunsch, bestraft zu werden.
Gerade im Gruppenleben fällt es öfters auf, daß Kinder und Jugendliche bedrückt sind. Plötzlich begehen sie irgend etwas Straffälliges, um die Aufmerksamkeit auf sich zu lenken. Je intensiver die Strafe ausfällt, desto größer ist dann das Gefühl der Befreiung. (→ Seite 190.)

Wie kann man diesen Kindern und Jugendlichen helfen?

1. Um die unbewußten Konflikte erkennen und verstehen zu können, muß der Gruppenleiter oder der Lehrer beobachten, was gestohlen wird und welchen Gebrauch das Kind davon macht. Werden zum Beispiel Süßigkeiten gestohlen, dann spricht das dafür, daß das Kind von seiner frühen Kindheit her unbefriedigt geblieben ist.
2. Es gilt weiter nachzuforschen, welche Nichtbefriedigung im gegenwärtigen Zeitpunkt das Bedürfnis zum Diebstahl wecken konnte. Dabei handelt es sich oft mehr um Mangelempfindungen seelisch-geistiger Art, nämlich um Mangel an Liebe oder an Zuwendung und Bestätigung. Auch Verwöhnungserscheinungen können die Ursache sein.
3. Es muß ebenfalls nachgeforscht werden, ob es sich bei bestimmten Diebstählen nicht um verdrängte oder auch offene Rivalität handelt. Die üblichen kleinen Diebstähle unter

Schülern (Füllhalter, Hefte u.a.) sind Äußerungen des Willens zur Macht. Der Rivale wird geschädigt und damit geschwächt. (→ Seite 66.)

4. Es muß weiter untersucht werden, ob das Kind nicht an Schuldgefühlen leidet. Gerade dann aber darf der Seelsorger vom Evangelium her befreien und eine Neueinstellung herbeiführen. (→ Seite 78.)

5. Wichtig ist in allen Fällen die Stärkung des Eigentumsbewußtseins, die Erziehung zur Achtung fremden Eigentums und das Wecken des Sozialempfindens überhaupt. In der Jugendgruppe wie auch im Klassenverband bieten sich vielfältige Möglichkeiten dazu an.

6. Von großer Wichtigkeit ist das Beschenken mit Vertrauen auch im demonstrativen Sinne. Ein „gefallenes“ Kind muß durch Übertragung von Aufgaben sozial gestärkt werden.

Bericht: Diebstahl aus dem Schuldgefühl heraus

Ute (11) ist als Spielkameradin in der Jungschar sehr geschätzt, weil sie nachgeben kann und zwischen den streitenden Parteien gern vermittelt.

Eines Tages gelingt ihr dies nicht mehr. Als ein „Neuling“ zur Jugendgruppe kommt, löst sich Ute von der übrigen Gruppe und wendet sich ganz diesem Mädchen zu.

Dies geht eine Weile ganz gut. Dann aber freundet sich das neue Mädchen mit anderen an und läßt Ute links liegen.

Von diesem Zeitpunkt an ist Ute wie verwandelt. Sie fängt dauernd Streit an und versucht vor allem, das neue Gruppenmitglied zu diffamieren. Ihre Eifersucht kennt kaum noch Grenzen. Darunter leidet Ute selbst sehr.

Während einer Jungscharfreizeit vermißt das neue Mädchen ihren Geldbeutel. Niemand denkt dabei an Ute. Aber Ute führt selbst die Spur zu sich hin.

In der Aussprache kann die Ursache für dieses Verhalten aufgedeckt werden. Ute leidet unter dem Verlust der eben gewonnenen Freundin. Sie leidet auch unter der Tatsache, daß sie eifersüchtig ist und will mit der bösen Tat, mit dem Diebstahl, erreichen, daß man sie bestraft. Damit sühnt sie ihr Verfehlen, nämlich ihre Abwendung von der Gruppe, ihre Eifersucht und ihre böswilligen Anschuldigungen.

Bericht: Diebstahl als vermeintliche Mutprobe

Martin (10) wird beim Diebstahl in einem Kaufhaus erwischt. Er gehört der Jungschar an. Eltern, Jungscharleiter und Lehrer werden informiert. Martin gibt an, daß er von einer Teilgruppe der Jungschar aufgefordert worden sei, Mut zu zeigen und einen Füllhalter aus dem Kaufhaus zu „schmuggeln". Fast arglos übernimmt Martin diesen Auftrag, um zu beweisen, daß er ein Kerl ist.
Das Zusammenwirken von Elternhaus, Jungschar und Schule erbringt ein gutes Resultat. Martin kann überzeugt werden, daß es bessere Möglichkeiten der Erprobung des Mutes gibt. Ein vertiefendes Gespräch über Gut und Böse hilft weiter. Martin war vorher trotz seines Alters nicht in der Lage, die Tragweite seiner Verfehlung zu erkennen. Er hatte noch kein rechtes Verhältnis zum Eigentum.

VI. Antriebsschwache, phlegmatische Kinder und Jugendliche

In jeder Gruppe oder Schulklasse gibt es solche, die nur sehr schwer zur Mitarbeit und zur Leistung zu motivieren sind. Im schulischen Bereich stellen sie geradezu das Problem dar. Woran liegt es, daß manche Kinder und Jugendliche nur so schwer zu bewegen und zu begeistern sind?
Es gibt verschiedene Ursachen:
1. Schnelles Wachstum, besonders in der ersten Phase der Pubertät.
2. Körperliche Krankheiten, z.B. Schilddrüsenerkrankungen.
3. Falsche Ernährung und Verwöhnung.
4. Seelische Konflikte: Anpassungsschwierigkeiten, Triebkonflikte (Onanie), Minderwertigkeitskomplexe.
5. Neurosen und andere unterschwellige, unbewußte Prozesse.
6. Seelische Verkümmerung durch frühkindliche Mängel.
7. Disposition zur Willensschwachheit und unterdrückende Erziehung.

8. Familiäre Konflikte; Eheschwierigkeiten, sadistische Behandlung (Kindesmißhandlungen). Sie führen meistens zu Masochismus und zu Antriebsschwäche.

Was kann dagegen getan werden?

Auch hier geht es zuerst wieder um das Auffinden der Ursachen. Vor allen Dingen muß erkannt werden, ob es sich um Reflexe des Widerstandes und der Empörung handelt oder um Traumata, d.h. um Erlebnisse in den frühkindlichen Phasen.

Das Verdrängte muß dann bewußt gemacht werden. Wenn das Kind die Ursachen erfährt, braucht es aber gleichzeitig Ermutigung und Hilfe zur Kompensation.

Solche Kinder brauchen die „private“ Zuwendung des Erwachsenen. Niemals darf der Lehrer oder Gruppenführer die Antriebsschwäche eines Kindes zum Gegenstand öffentlichen Tadels machen. Bestrafen aber würde zur Verstärkung der Hemmung führen.

Veränderungen im Gefühlsleben und eine Weiterentwicklung der Antriebskraft können vor Beginn der Pubertät verhältnismäßig leicht bewirkt werden. Es gilt dann beim Kind, mit kleinen Aufgaben die Freude am Erfolg durch die Befriedigung zu steigern. Man beginnt mit der Lust an der Bewegung und am Spiel.

Dem von der Gruppe erkorenen Gruppenführer gelingt es auch in der Reifezeit meistens, bei seinen Jugendlichen die Dynamik zu mobilisieren und auf Ziele hin zu steuern. (→ Seite 77—78.)

Bericht: Antriebsschwäche, Motivationslosigkeit

Roland (21), Hilfsarbeiter, verlor als Zweijähriger seine Mutter. Bis zur Wiederverheiratung wurde er ständig weitergereicht. Die neue Bezugsperson erstickte Gefühlsäußerungen und Willensregungen besonders im Trotzalter. Der Junge konnte weder die Hauptschule abschließen noch eine Lehre beenden. Völlig apathisch wurde er so zum Gespött seiner Umwelt. Durch die Aufnahme in eine Pfadfindergruppe und durch das besondere Bemühen des Leiters konnte Roland seine Antriebsschwäche zunehmend überwinden und entwickelte Kreativität.

VII. Schüchternheit bei Kindern und Jugendlichen

Vorübergehend hatte es den Anschein, als würde es heute weniger schüchterne und gehemmte Kinder geben. Tatsächlich überwiegen auch die kecken und draufgängerischen Typen. Aber daneben gibt es doch viele Kinder und auch Jugendliche, die „durchs Leben schleichen". Es gibt auch hierfür viele Ursachen:

1. Mangel an Liebe und an Bestätigung.
2. Mangelnde Zuwendung im Sinne der helfenden Erziehung.
3. Willensschwäche durch unterdrückende Erziehung.
4. Organminderwertigkeit und verstärktes Minderwertigkeitsgefühl.
5. Demütigungen durch Mitschüler, Lehrlinge oder durch Lehrer.

Auswirkungen

Bei schüchternen Kindern verstärkt sich die Introversion zunehmend. Sie fühlen sich in der heute überwiegend extravertierten Umwelt nicht wohl.
Im Leiden unter der Schüchternheit verstärkt sich die Schüchternheit. Der Jugendliche zieht sich in sein „Schneckenhaus" zurück und lebt außerhalb der Wirklichkeit in einer Scheinwelt. Dies zeigt sich in vermehrten Tagträumereien, die wiederum Schuldgefühle hervorrufen.
Es kann aber genauso zu plötzlichen Aggressionsausbrüchen kommen. Dann brechen die bisher gestauten Triebe hervor und verursachen Herrschsucht und Machtentfaltung. Diese Schübe können aber auch genauso plötzlich umschlagen und eine Periode verstärkter Abwendung und erneuter Schüchternheit einleiten.

Schüchterne Kinder und Jugendliche verbergen ihre Hemmungen und ihre Minderwertigkeitskomplexe oft hinter einer Fassade der Frechheit und Ironie. Hinter dem unverschämten Auftreten verbirgt sich die Angst, mißachtet zu werden. Gerade bei Mädchen sind Hochmut und Eitelkeit nur Masken.

Schüchterne Kinder und Jugendliche fallen in einer Jugendgruppe oder in einer Schulklasse sofort auf. Sie erröten oder erblassen schnell, wenn man sie anspricht. Oder sie fangen an zu stottern und begehen Ungeschicklichkeiten.

Viele Kinder haben bekanntlich allen Erwachsenen gegenüber einen gewissen entwicklungsbedingten Grad von Gehemmtheit. Man betrachte einmal aus der Perspektive des Kleinkindes einen redenden Erwachsenen und konzentriere sich dabei auf die Bewegungen des Mundes.

Es ist ein Wunder, daß überhaupt jemand ohne seelischen Schaden davonkommt. Während der Reifezeit verstärken sich Gehemmtsein und Schüchternheit.

Die schlimmsten Auswirkungen bestehen darin, daß schüchterne Kinder und Jugendliche dem Spott und der Mißachtung, ja sogar der Verfolgung ausgeliefert sind. Kinder und Jugendliche bekämpfen oft ihre eigenen Minderwertigkeitskomplexe in den anderen, um sich selbst davon zu befreien. Dadurch aber wird ein bereits gehemmtes Kind nur noch mehr verunsichert. (→ Seite 92.)

Auf welche Weise kann geholfen werden?

Zunächst darf auch ein sich hochmütig gebärdendes Kind nicht gedemütigt werden, weil dadurch das Gegengewicht gegen die Schüchternheit zerstört wird. Zurückhaltung ist am Platz. Eine Zuwendung, die Übertragung von Aufgaben zum Ziel hat, kann im rechten Augenblick helfen. Wichtig ist das sachliche Gespräch, das zunehmend auch in eine sehr persönliche Kommunikation übergehen kann. Dem schüchternen und gehemmten Kind, das augenscheinlich darunter leidet, muß viel Lob und Bestätigung gegeben werden.

Die pädagogischen Verstärker

Wie lobt man? Etwas Gutes läßt sich bekanntlich immer finden. Lob und Anerkennung stellen eine Belohnung dar. Gerade für den Lehrer gilt: Was bei schlechter Gesamtleistung in Teilen dennoch gut ist, sollte gelobt werden. Überhaupt sollte jede gute Leistung gesucht und entsprechend belohnt werden, sei sie auch noch so gering.

Was in der Vergangenheit falsch gemacht wurde, soll nicht kritisiert werden. Dafür kann ein besser erreichbares Lernziel angeboten werden. Die pädagogischen Verstärker können eine stufenweise Steigerung bis zur Annäherung an das gesteckte Ziel hin bewirken.

Vor allen Dingen müssen dem schüchternen Kind und dem gehemmten Jugendlichen die unbewußten Regungen, z. B. seine feindseligen Rivalitäten und seine Schuldgefühle, bewußt gemacht werden. Seelische Konflikte, die aufgedeckt werden, verlieren ihre Fähigkeit, Angst zu erzeugen.

Dem Gruppenführer, Jugendleiter oder Lehrer sollte es nicht schwerfallen, immer neue Möglichkeiten zu finden, die dem Schüchternen zur Kompensation oder zur Sublimierung verhelfen und die ihm die Achtung der Umwelt einbringen können. (→ Seite 77; 87.)

Bericht: Schüchternheit und Antriebsschwäche

Helmut (14), zweites Kind, hat seine Mutter bereits im ersten Lebensjahr verloren. Er kommt nach wiederholter Aufforderung zur Jungenschaft. Trotz der vielfältigen Bemühungen seitens der Gruppe und des Gruppenführers gelingt es nicht, Helmut von seiner Schüchternheit zu befreien und ihn aktiv am Gruppenleben zu beteiligen. Er läßt sich nur „mitschleppen" und bleibt mehr oder weniger ein „stummer Kumpel".

Die Gruppe schwankt zwischen Mitleid und Ärger. Vorübergehend haben die Aktivierungsversuche der Gruppe Erfolg, dann aber verkriecht sich Helmut wieder in sein „Schneckenhaus".

Das seelsorgerliche Gespräch schafft eine Basis des Vertrauens, verstärkt die Glaubensbeziehung, führt aber nicht zur Überwindung der

Antriebsschwäche. Gründe: Helmut hat, neben der konstitutionellen Veranlagung zur Schüchternheit, ein verstärkendes Trauma durch den Verlust seiner ersten Mutter erlitten. Die zweite Mutter konnte dem Bedürfnis des Kindes nach verstärkter Zuwendung und Liebe nicht gerecht werden und überließ es seiner Neigung, so daß sich der Konflikt verfestigte und zum Komplex wurde, der das Verhalten von Helmut bestimmte.

VIII. Kinder und Jugendliche, die unter Angst leiden

Gruppenführer und Jugendleiter haben die beste Möglichkeit, Kinderängste wahrzunehmen, weil sie öfters ein Stück Lebensgemeinschaft mit Kindern und Jugendlichen erleben und weil sich ihnen ängstliche Kinder gern anvertrauen. Es braucht dazu keine „Mutproben“ oder ähnliche Praktiken, um Kinder in dieser Beziehung kennenzulernen. (→ Seite 215.)

Kinder bringen eine „natürliche Angst“ mit. Sie sind unerfahren und haben Furcht vor dem Unbekannten. Als Kleinkinder durchleben sie zudem nochmals die primitiven Ängste der Menschheitsentwicklung. Nun machen gerade Gruppenführer und Jugendleiter immer wieder die Erfahrung, daß diese Angst vor der Gefahr und dem Unbekannten gleichzeitig mit Neugierde und einer Art „Angstlust“ verbunden ist.

Die Vorliebe für das Schreckhafte (Gespenstergeschichten) stellt bei Kindern eine Art Erprobung dar, ein Versuch, die Angst durch Spiel und Gewöhnung zu besiegen.

Trotzdem sollte auch diese „natürliche“ Angst und die damit verbundene Angstlust nicht durch problematische Märchen oder sadistische Berichte gesteigert werden. Ängste, die das Kind normalerweise im Laufe seiner Entwicklung überwindet, können dadurch fixiert werden und zu Angst- und Zwangsneurosen führen. (→ Seite 83.)

Neben der natürlichen Angst gibt es aber auch die durch Fehlentwicklung verursachten Angstdispositionen. Solche Angstdispositionen entstehen auf verschiedene Weise:

Ursachen der Angst

1. Angst entsteht durch Konflikte, die sich zwischen dem Gewissen, dem Ich und dem Es abspielen und zu Triebstauungen führen. (→ Seite 73—75.)
2. Angst entsteht auch durch die Zurückweisung des kindlichen Liebesverlangens oder des Angebotes an Liebe, also aus dem Mangel an Zärtlichkeit, an Verständnis und Zuwendung.
3. Angst kann freilich auch durch das Gegenteil, also durch Verwöhnung, entstehen, weil sich dadurch die Ansprüche des Kindes bis zur Unerfüllbarkeit steigern. (→ Seite 184.)
4. Angst entsteht und wird verstärkt durch Schuldgefühle und mangelnde Bereitschaft zur Vergebung.
5. Angst kann auch durch Leistungsdruck und Überforderung entstehen und verstärkt werden. (→ Seite 40.)

Wie kann geholfen werden?

Auf keinen Fall darf die Erziehung im Elternhaus und in der Schule auf Angst aufgebaut werden.
Bei ängstlichen Kindern und Jugendlichen sollte zunächst die Art der Angstäußerung erkannt werden. Es gibt viele Arten der Angst: Gewissensangst, Schuldangst, Angst vor Liebesentzug, Angst vor Strafe, Angst vor der Schule, Angst vor dem Versagen, Angst vor irgendwelchen Gegenständen und gegenstandslose Angst.
Danach müßte die Angstursache festgestellt werden. Wodurch und wann kam es zu den Angstdispositionen? Welche Fehlentwicklungen wurden durchgemacht und welche Traumata verursacht?

Die Aufdeckung dieser oft verdrängten und unbewußten Erlebnisse und Fehleinstellungen kann schon eine erste Hilfe bedeuten. Daran muß sich aber ein regelrechter Lernprozeß anschließen, ein richtiges Training zur Angstüberwindung. Dabei werden die Gegenkräfte im Unbewußten mobilisiert und Fixierungen an affektive Vorstellungen und Erlebnisse und an bestimmte Objekte abgebaut. (→ Seite 71—73.)

Bericht: Traumatische Angst

Esther (18) erlitt als vierjähriges Kind ein phobisches Trauma. Die Mutter hatte sie einer Kinderschwester anvertraut, die sich zunächst zwar um das Kind kümmerte, später aber durch hinzugekommenen Besuch vergaß. Das aus dem gewohnten Rhythmus gekommene Kind war nicht fähig, die überreiche und verspätet gegebene Mahlzeit zu essen und verweigerte das Leeressen des Tellers.
Daraufhin wurde Esther in einen dunklen und engen Kellerraum eingesperrt und durch das Gespräch mit der Besuchsperson vergessen. Esther hatte sich zunächst heiser geschrien, worauf die autoritäre Person das Kind durch Schläge an die Kellertür noch zusätzlich ängstigte.
Esther erlebte durch das sich über Stunden hinziehende Getrenntsein von der Mutter, durch das Eingesperrtsein im Kellerraum und durch die vorhergehende Behandlung einen schweren Schock.
Als sie am Abend aufgefunden wurde, lag sie bewußtlos da. Noch in der gleichen Nacht stellten sich schwere Krämpfe verbunden mit Angstvisionen ein. Diese wiederholten sich von Zeit zu Zeit in den folgenden Jahren bis zur Pubertät.
Esther konnte nicht mehr unbeschwert spielen, nicht lachen und auch nicht konzentriert arbeiten. Sobald auf der Straße eine Schwester zu sehen war, klammerte sie sich verzweifelt an die Mutter und schrie.
Auch im Jugendkreis konnte Esther nicht heimisch werden. Die Zuwendung und Fürsorge einzelner Gruppenmitglieder taten ihr zwar gut, aber sie war zu keinem partnerschaftlichen Verhältnis fähig.
Mit achtzehn Jahren wurde sie zur psychotherapeutischen Behandlung überwiesen, weil sie an Lähmungserscheinungen litt. Esther hatte das Liebesgeständnis einer der wenigen Kontaktpersonen aus ihrer Angst heraus zurückgewiesen. Die tiefenseelischen Konflikte ließen die „alte Wunde“ wieder aufbrechen und führten zur organischen Erkrankung.

IX. Extrem nervöse Kinder

Die Zahl der von nervöser Unrast geplagten Kinder nimmt ständig zu. Es gibt keine Schulklasse, in der nicht einige Kinder sitzen, die durch ihre extreme Unruhe den Unterricht und die übrigen Kinder stören. Auch in den Jugendgruppen befinden sich durchschnittlich ein bis zwei Kinder, die das Leben der Gruppe belasten.
Unrastige Kinder können kaum eine Minute stillsitzen. Sie spielen nervös mit allen erreichbaren Gegenständen und rutschen zappelig auf ihren Plätzen herum. Zur Konzentration sind sie kaum fähig. Deshalb können sie nicht zuhören und dem Unterricht oder dem Ablauf der Gruppenveranstaltung auch nicht folgen. Das Unvermögen zur Konzentration verschafft ihnen Langeweile, weil sie nicht in der Lage sind, ihre Gedanken zu ordnen, und weil sie den Faden verlieren.
Weitaus die meisten dieser Kinder sind nicht dumm, sondern sogar überdurchschnittlich begabt. Aber sie sind krank. Mit dem Eintritt in die Reifezeit bessert sich der Zustand und das Verhalten solcher Kinder fast schlagartig. Der Jugendliche in der Pubertät zeigt dann ein beinahe gegensätzliches Verhalten. Jugendliche, die zuvor überaktiv waren, verhalten sich nun ruhig, manchmal geradezu apathisch. Die tiefenseelischen Probleme und Konflikte nehmen zu und verursachen eine emotionale Hemmung, oft sogar eine Art von motorischer Lähmung. Die bisher begabten Kinder sind nun leistungsschwach, neigen zu Depressionen und sind rasch bereit, die Flinte ins Korn zu werden. Sie versuchen so, den Konflikten durch eine Flucht in die Welt der Träume zu entfliehen. (→ Seite 78—82.)

Ursachen und Hintergründe

Extreme Nervosität hat vielerlei Ursachen:
1. Die häufigste Ursache wird in organischen Störungen bestimmter Gehirnfunktionen gesehen. Diese Störungen wer-

den auf Sauerstoffmangel im Augenblick der Geburt oder auf Fehlernährung während der Schwangerschaft zurückgeführt.

2. Ebenso können auch organische Schädigungen durch leichte Unfälle (Sturz, Schlag auf den Kopf u.a.) eine Rolle spielen. Oft werden kleinere Unfälle nicht ernst genommen oder rasch vergessen. (→ Seite 201.)

3. Andere organische Ursachen sind in den Schilddrüsenerkrankungen zu suchen. Viele Kinder und Jugendliche leiden heute unter Schilddrüsenüber- oder -unterfunktion. Auch Blutarmut kann solche extreme Nervosität hervorrufen.

4. Häufig aber sind seelische Störungen und ihre Hintergründe als entscheidende Ursache zu sehen. Solche Hintergründe können sein: mangelnde Fürsorge und Zuwendung der Mutter zum Kind und die daraus resultierenden Störungen der Mutter-Kind-Beziehung, falsche Erziehung während der Trotzperiode, Minderung des Selbstwertgefühls durch andauerndes Getadeltwerden und durch Minderwertigkeitsgefühle. (→ Seite 22—25; 84—88.)

Welche Maßnahmen können getroffen werden?

Zunächst müssen Gruppenführer, Jugendleiter oder Lehrer beachten, daß solche Kinder ihre Nervosität und ihre Überaktivität nicht durch Austoben loswerden, sondern eher noch steigern. Gerade in der Phase der Vorpubertät darf der sonst übliche Wettkampfsport nicht übertrieben werden. Nervöse Kinder sollten nach Möglichkeit ohne Leistungsdruck selbst beschäftigt werden. Auch das partnerschaftliche „Arbeiten“ bietet Möglichkeiten der „Dämpfung“ von Überaktivität. Die Partner müssen dazu allerdings ausgesucht werden.

Teilgruppenarbeit ist nicht zu empfehlen, weil das überaktive Kind mit seiner Nervosität andere stört und sie „ansteckt“.

Eltern sollten ihre falsche Scham überwinden und ihre Kinder in schweren Fällen einer Sonderschule zuweisen, denn unrastige Kinder werden oft zum Störenfried des Unterrichts und terrorisieren unter Umständen die ganze Klasse. Auch die Jugendgruppe ist überfordert, wenn Unrast zum Terror wird. Sie kann daran zerbrechen.
Dagegen kann im Elternhaus durch konsequente Erziehung und durch entsprechende Behandlung einiges erreicht werden. In Fällen, bei denen organische Schädigungen vorliegen, kann medikamentös geholfen werden. (→ Seite 205.)

Bericht: Nervöse Unrast und Überaktivität

Achim (10), Nachkömmling in der Familie, ist zwar überaus hilfsbereit und anhänglich, aber er schießt mit seinem Eifer weit über das Ziel hinaus. Er vermag sich für alles zu begeistern, gibt aber schnell auf. Die Jungscharkameraden meiden Achim wegen seinem Angeben und seiner Unzuverlässigkeit. Seine Überaktivität und Unrast machen auch sie nervös. Achim kann kaum ruhig auf dem Stuhl sitzen. Ständig redet er dazwischen, oder er springt plötzlich im Raum herum, wirft Gegenstände vom Tisch oder gibt seinem Unmut durch Schreien Ausdruck.
Der Jungscharleiter ist zunächst hilflos. Er versucht, die Situation mit pädagogischen Kniffen in den Griff zu bekommen, was ihm aber kaum gelingt. Die Gruppe wird durch das Verhalten Achims schwer belastet und reagiert aggressiv. Achim liegt mit allen im Streit.
Ein Gespräch mit den Eltern deckt die Ursachen und die Hintergründe auf. Achim hat als Kleinkind eine schwere Hirnhautentzündung durchgemacht. Die Eltern geben zu, daß sie es an Zuwendung fehlen ließen. Sie hatten erst später erkannt, daß Achim besonderer Liebe bedurfte.
Achim versuchte diese „Schäden" zu kompensieren, indem er überaktiv wurde. Wenn seine Hilfsbereitschaft und Hingabe nicht anerkannt wurden, reagierte er durch Stören und Aufsässigkeit.
Dem Jungscharleiter gelang es, die Gruppe vorsichtig zu informieren und Verständnis für Achim zu wecken. Dem Jungen gegenüber zeigte er besondere Aufmerksamkeit und ließ es an Zuwendung nicht fehlen, was freilich auch nicht ganz unproblematisch verlief. Daraufhin besserte sich das Verhalten Achims.

X. Abhängige Jugendliche

Nach den neueren Erkenntnissen und Forschungsergebnissen ist die Abhängigkeit von Drogen und Alkohol nur ein Symptom für Krankheiten, deren Ursachen viel tiefer, nämlich in der Persönlichkeitsstruktur des einzelnen liegen.
Das Phänomen Sucht ist nicht auf Drogen allein beschränkt. Es gibt Abhängigkeit in vielen Formen. Jedes zwanghafte und maßlose Verhalten kann als Sucht bezeichnet werden. Zum Beispiel Abmagerungssucht, Eßlust, Leistungswut, Spielsucht und vor allem die sexuell-pervertierte Abhängigkeit. (→ Seite 182.)

Ursachen und Auswirkungen

1. Im Hintergrund befinden sich meistens sexuelle Konflikte. Sie sind der Mutterboden für Abhängigkeit in irgendeiner Form. Solche Konflikte können von Fixierungen an frühkindliche Verhaltensweisen, Objekte oder Personen ausgehen. Sie können auch später entstehen, wenn es einem Jugendlichen nicht gelingt, eine echte und dauerhafte Partnerbeziehung herzustellen. (→ Seite 121.)
Vielen Jugendlichen fällt es schwer, von der narzistischen Eigenliebe, der sogenannten Autoerotik (Onanie), loszukommen. Sie finden zur Droge oder zum Alkohol im Sinne einer kompensatorischen Ersatzbefriedigung und bleiben dauernd abhängig.
Störungen der frühkindlichen Entwicklung haben oft gegensätzliche Ursachen, die das spätere Verhalten steuern: Es kann an der Tabuisierung der Sexualität, aber auch an der Enttabuisierung, an Verwöhnung oder Entzug, an Verwahrlosung oder aber auch an Überforderung des Kindes gelegen haben, wenn es nunmehr im Stadium des Jugendlichen völlig versagt und abhängig wird. (→ Seite 122.)

2. Viele Jugendliche haben in ihrer Kindheit nicht gelernt, Probleme zu durchdenken, Hindernisse zu überwinden und Niederlagen zu verkraften. Es fehlt ihnen — um mit Fritz Künkel zu sprechen — der Spannungsbogen, eine Situation durchzustehen, und die Spannkraft, um sich aus der Resignation zu befreien und zur Bejahung der Realität zu kommen.

Bisher haben immer andere die Probleme für sie gelöst und die Schwierigkeiten überwunden oder sie gänzlich davon ferngehalten. In der Reifezeit kommen nun plötzlich persönliche und soziale Probleme und Konflikte auf sie zu. Sie sollen sich organisch in die Gesellschaft einordnen, selbständig entscheiden und Verantwortung übernehmen. Sie fühlen sich aber überfordert und völlig außerstande, diese Konfliktsituationen zu meistern.

So versuchen diese Jugendlichen durch Regression, d.h. durch eine Flucht in die frühkindlichen Phasen, in das vermeintliche Paradies ihrer Kindheit zurückzukehren. Sie benutzen die Droge, um in den Zustand des „Es" versetzt zu werden. In der Umkehrung des Satzes von Freud könnte man sagen: „Ich" will wieder „Es" werden. In der Tat erleben sie, wenn sie „high" sind, so etwas wie ein Auslöschen ihrer Person. Danach aber folgt das schreckliche Erwachen. Sie nehmen wahr, daß die Sucht ihr Ich und auch ihren Körper langsam aber sicher zerstört. (→ Seite 206—207.)

3. Eine weitere Ursache ist die Erfahrung des Scheiterns im Leben und die Angst vor dem Scheitern.

Beim Übergang zur Selbständigkeit treten beim Jugendlichen Probleme und Konflikte auf, die er tatsächlich nicht allein durchstehen und lösen kann. Er braucht dazu die begleitende Hilfe verständnisvoller Erwachsener, die als Bezugspersonen von den Jugendlichen akzeptiert werden und an die Stelle der Eltern treten können.

Diese „Ersatzerzieher" müssen zugleich Seelsorger sein. Sie sollten in der Regel auch zur selben Generation gehören. Solche Personen nehmen in der Loslösungsphase nur vor-

übergehend die Stelle der Eltern ein, denn später muß sich der Jugendliche auch von ihnen absetzen können, um selbständig weiter zu reifen.
Entbehren Jugendliche die Geborgenheit, die ihnen diese Bezugspersonen und die Jugendgruppen geben können, dann sind sie sehr gefährdet. Die Sehnsucht nach Geborgenheit, nach Liebe und zugleich nach Orientierung führt so manchen Jugendlichen zu zweifelhaften Gruppen oder „Gangs", die ihm mit ihrer straffen Gruppendisziplin einen scheinbaren Halt geben. Einige aber werden direkt dem „Dealer" in die Arme getrieben.

4. Das Erlebnis des Scheiterns aber ruft verstärkte Minderwertigkeitsgefühle hervor, die sich zu Komplexen entwikkeln und den Jugendlichen in den Teufelskreis der negativen Kompensation (Ausgleichsversuch) hineintreiben.
Er versucht dann, mit seiner Flucht in die Träume eine Änderung der Situation herbeizuführen. Damit aber erreicht er das Gegenteil, denn jede Flucht in das vermeintliche Paradies hinterläßt den Durst nach dem „Paradies" und ruft weitere Minderung des Selbstwertgefühls hervor. Die Isolation aber nimmt stetig zu und ist bald perfekt. Der Drogenabhängige befindet sich außerhalb der Gesellschaft, leidet darunter und geht schließlich daran zugrunde, noch bevor ihm die Drogen das Ich und die Organe zerstören.

5. Eine große Rolle spielt auch das Gefühl der Sinnlosigkeit des Daseins und die Angst vor der Leere. Viele Jugendliche wissen mit sich selbst und mit dem Leben nichts Rechtes anzufangen. Teilweise liegt dies an der falschen Erziehung, die es versäumte, daß der Jugendliche als Kind schon motiviert wurde, das Dasein als Aufgabe und als Chance zu sehen.
Viele Jugendliche bleiben in ihren Gedanken und Wünschen in den kindlichen Phasen hängen und reifen erst sehr spät. Das noch ungereifte Ich fürchtet sich vor der Überforderung durch die Gesellschaft (Schule, Betrieb, Zukunft), zugleich aber auch vor der Eintönigkeit der Lebensgestaltung, dem Eingespanntsein in einen als sinnlos empfundenen Ablauf.

Nur selten werden Probleme rechtzeitig geklärt. Die wenigsten Jugendlichen erproben sich heute im Bereich der Jugendkreise und entwerfen dort ihr Lebensprogramm. Wo Erfahrungen im Bereich des Glaubens gemacht werden, können Ziele erkannt und engagiert anvisiert werden. Leider sind solche intakten Jugendgruppen immer seltener zu finden. (→ Seite 39—42.)

Wie kann geholfen werden?

Vorbeugende Maßnahmen im Sinne einer Psychohygiene müssen sehr früh angesetzt werden. Schon in den frühkindlichen Phasen gilt es, den Spannungsbogen zu schaffen, der dem Kind hilft, seine Triebimpulse, seine Bedürfnisse und seine Affekte zu steuern. Es geht also um Lernprozesse, die schon das Verlangen der elementaren Bedürfnisse, z.B. die Nahrungsaufnahme, regulieren. (→ Seite 22—25.)

Vor allem aber muß die Bildung und Entfaltung des kindlichen Willens im Trotzalter sorgfältig beachtet werden. Das Kind darf weder autoritär noch antiautoritär erzogen werden. Es braucht klare erzieherische Maßnahmen, die es verstehen kann. Es muß dabei die Verantwortung der Erwachsenen erkennen und die Liebe der Erwachsenen erfahren, gerade wenn es erzieherische Gegenmaßnahmen erlebt, die seinen Willen einschränken oder seine Willensäußerungen kanalisieren.

Auf alle Fälle müssen Kinder und Jugendliche genau wissen, woran sie sind. Nichts ist gefährlicher für die Entwicklung als Lässigkeit und falsche Nachgiebigkeit, die der Jugendliche als Desinteresse empfinden muß.

Eine starke vorbeugende Wirkung üben Jugendgruppen und Gemeinschaften aus, die dem Jugendlichen einen gewissen freien Raum für die Entfaltung bieten, ihn aber gleichzeiti auch organisch in die Gemeinschaft einordnen, seine Gaben und Kräfte sinnvoll auf ein Ziel anlegen. Der Jugend-

liche wird in der rechten Weise erlebnisfähig und gestaltet ein Stück seines Lebens im Entwurf selbst.
Wo Familien noch intakt sind, kann dieses Entwerfen und Erproben auch im Elternhaus stattfinden. In der Regel aber zieht es den Jugendlichen zu seinesgleichen in die Gruppe, wo gemeinsam Konfliktsituationen erkannt und überwunden werden, wo man sich aussprechen kann, ohne Gefahr zu laufen, mißverstanden zu werden. Dort können Gruppenmitglieder und vor allem die etwas älteren Gruppenführer zu regelrechten Seelsorgern werden und dadurch viele Gefahren der Fehlleitung und des Sichhingebens in den „Trott“ mit all den Nebenerscheinungen und den Versuchungen rechtzeitig abwenden.
Besteht bereits eine Abhängigkeit von Drogen oder Alkohol, so kann nur eine langfristige Entziehungskur verbunden mit Lernvorgängen und der gleichzeitigen seelsorgerlichen Beratung helfen. Es muß bei den betroffenen Jugendlichen all das nachgelernt werden, was in früheren Phasen versäumt wurde, oder es muß in Lernprozessen korrigiert werden, was falsch gelernt wurde.
Entscheidend aber ist die völlige Lebensumstellung durch eine klare Bekehrung, durch die Erfahrung der Vergebung und der Annahme. Dieses Angenommensein durch Gott geht der Selbstannahme voraus. Von großer Wichtigkeit sind die entsprechenden Gruppen, die dem Abhängigen, der sich um sein Gesundwerden bemüht, immer wieder Geborgenheit, Stütze im Leben und Glaubenshilfe vermitteln. (→ Seite 52—53.)

Bericht: Abhängigkeit — Flucht in die Kindheit

Peter (16) ist zwar überdurchschnittlich intelligent, aber sehr labil. In der Schule spielt er die große Nummer als „Schauspieler“, der die schwersten Rollen schafft.
Auch sonst beherrscht er die Klasse. Während einer Schulfahrt beschafft er sich Alkohol, verführt einige labile Mitschüler und betrinkt sich mit ihnen ausgiebig.

Von diesem Tag an kommt er vom Alkohol nicht mehr los. Zeitweise steigt er um auf Drogen, weil er intensivere Erlebnisse wünscht. Er muß die Schule verlassen und begibt sich in den Untergrund. Dort wird er auf die verschiedensten Arten mißbraucht. Die Eltern sind völlig verzweifelt, haben aber keine Gewalt über ihren Jungen und müssen zusehen, wie er dahinsiecht.
Welches sind die Hintergründe und die Ursachen bei Peter? Peter hat so gut wie keine Erziehung genossen. Seine Eltern waren nicht in der Lage, ihm auch nur einen Wunsch zu verweigern. Peter wurde verwöhnt und lernte nicht, mit Schwierigkeiten fertig zu werden. Die „schwachen" Eltern versuchten alles von ihrem Kind fernzuhalten, was seine Kräfte herausgefordert hätte. So kann er auch nicht verzichten und sich gegen aufkommende Triebansprüche entscheiden. Er lebt in einer narzistischen Welt und kapituliert vor den Problemen der Pubertät und den Anforderungen der Schule. Als die ersten Schwierigkeiten auftauchen, greift er zur Flasche und regrediert damit zurück in die frühkindliche Phase, um dem beschwerlichen Leben zu entgehen.

XI. Selbstmordgefährdete Jugendliche

Für einen gesunden, erwachsenen Menschen bleibt es ein Rätsel, warum ein Jugendlicher, der das Leben noch vor sich hat, diesem Leben selbst ein Ende setzt. Der Erwachsene hat es gelernt, im Spannungsfeld zwischen Erfolg und Mißerfolg sein Leben zu gestalten. Die bisherigen Erfolgserlebnisse, aber auch die Erfahrungen der Geborgenheit und vor allem das Wahrnehmen der Verantwortung für andere machen den tätigen Menschen mehr oder weniger immun gegen das Aufkommen von Gefühlen der Sinnlosigkeit.
Der Jugendliche hat diese Erfolgserlebnisse noch kaum, weil er abhängig ist. Viele gehen dazu noch von falschen Vorstellungen aus und stellen an das Leben zu hoch gesteckte Erwartungen. Dadurch kann es zum Scheitern an der Realität, mindestens aber zu großen Enttäuschungen kommen.

Hinzu kommt, daß das noch ungereifte Ich des Jugendlichen sich kaum gegen den „Todestrieb“ bzw. gegen die Aggression aus dem „Es“, die sich gegen das eigene Ich wendet, wehren kann.
Es gibt eine Vielzahl von Ursachen und Hintergründen, die in einem Jugendlichen den Entschluß reifen lassen, sich das Leben zu nehmen. (→ Seite 56; 84; 210.)

Ursachen und Hintergründe

1. Erbliche Faktoren können eine gewisse Rolle spielen, zum Beispiel Anlagen für depressives Verhalten. Zum Teil lassen sich solche Dispositionen vom Körperbau her erkennen. Man muß dabei aber beachten, daß viele Jugendliche noch nicht den ausgereiften Körperbau eines „Pyknikers“ mit zyklothymem Temperament haben. (→ Seite 101.) Oft fallen äußere Merkmale überhaupt nicht ins Gewicht oder verleiten zu Fehlschlüssen.
Auch der „leptosome Typus“ mit seinem schizothymen Temperament ist — wenn auch auf andere Weise — ebenfalls gefährdet. Solche Menschen leiden vor allem an der Isoliertheit, am Nichtverstandenwerden und an ihrer Einwärtswendung (Introversion), die sie abhält, sich anderen Menschen anzuvertrauen. (→ Seite 114—119.)
2. Die Zahl der Selbstmordversuche steigt während der Reifezeit enorm an. Dies läßt auf hormonell bedingte, aber auch auf individuelle und soziale Probleme und Schwierigkeiten schließen. Der Jugendliche ist während dieser Phase total verunsichert. Die Leistungsforderungen der Schule werden oft nicht verkraftet, weil das Ich durch Verdrängungsprozesse zwiespältig ist und die Willensenergie völlig aufgebraucht wird. Die entstehende Verdrängungsenergie macht dem Jugendlichen wiederum in anderer Weise zu schaffen, weil sie die Aggression steigert. (→ Seite 81—82.)
3. Häufige Ursachen sind auch Zerwürfnisse mit den Eltern in Verbindung mit Schwierigkeiten in der Schule oder im

Betrieb. Es handelt sich hauptsächlich um Überforderungen durch zu hohe Leistungsansprüche, die von den Eltern ausgehen. Viele Kinder und Jugendliche werden dem Prestigedenken ihrer Eltern geopfert. Sie werden auf egoistische Ziele der Eltern und auf Bahnen gelenkt, die sie selbst niemals wählen würden. Daraus folgen schwere innere Konflikte: Unsicherheit, Selbstwertverlust, Minderwertigkeitskomplexe und Isoliertheit.

4. Den meisten Jugendlichen mit Selbstmordabsichten fehlt die entsprechende Bezugsperson, die nach der Loslösung von den Eltern an deren Stelle tritt.

Der Jugendliche versucht heute ganz besonders im partnerschaftlichen Bereich, seine Anpassungsschwierigkeiten zu überwinden. Er erhofft sich einen liebevollen Menschen, der ihm hilft, diese Probleme zu lösen, ohne ihn dabei zu vereinnahmen. Die Freundschaft ist ein Erprobungsfeld für das Werden der Persönlichkeit, für die Auseinandersetzung mit den Triebansprüchen und mit den Anforderungen der Umwelt. Vor allem sucht der Jugendliche durch sein Gegenüber auch seine Identität zu finden. (→ Seite 215.)

Die meisten Jugendlichen überfordern damit ihren Partner, der sich selbst noch in diesem Prozeß der Lebensmeisterung, der Selbstfindung und der Reifung befindet. Deshalb wenden sich Mädchen häufig von solchen problematischen Jungen ab und suchen sich den reiferen Partner, der ihnen selbst Geborgenheit und Orientierung zu geben vermag. Solche abgewiesenen Jugendlichen aber sind außerordentlich selbstmordgefährdet.

Wie kann man helfen?

Wir müssen erkennen: Kinder und Jugendliche sind vor allem deshalb selbstmordgefährdet, weil sie selbst nicht in der Lage sind, Lösungsmöglichkeiten für ihre Probleme und Schwierigkeiten zu erkennen und zu finden. Meistens stehen ihnen auch keine zur Verfügung. Lösungsmöglichkeiten

können aber im vertrauensvollen Gespräch gemeinsam gefunden werden.
Die meisten Lebensprobleme lassen sich dann lösen, wenn der junge Mensch aus seiner Ichdrehung herauskommt und eine Aufgabe wahrnehmen kann. (Vgl. Lukas 5.)
Wenn ein Jugendlicher die Erfahrung macht, daß Christus zum Lebensinhalt werden kann und daß er Halt und Geborgenheit gerade für Hoffnungslose und Verzweifelte gibt, wird sein bisher fragwürdiges Leben auf eine neue Basis gestellt. Der junge Mensch findet das rechte Verhältnis zu sich selbst und zur Umwelt. Er erwartet weniger von den anderen, sondern er macht die Erfahrung, daß er, je mehr er sich hingibt, desto stärker Zuwendung erfährt und Lebensinhalt findet. Der Schlüssel zum Herzen der leidenden Jugendlichen ist die Liebe, mit der Jesus liebt. Die Erfahrung dieser Liebe überwindet die Kräfte der Selbstzerstörung. Der Seelsorger darf für diese Jesus-Liebe transparent werden. (→Seite 218.)

Bericht: Aufgestaute Aggression — Selbstmord

Axel (17), einziges Kind, nahm sich das Leben aus einer Trotzreaktion heraus. Axel verbrachte in seiner Kindheit den Tag bei Spielkameraden, aß dort zu Mittag oder ging in die Gaststätte. Beide Eltern waren berufstätig, kamen kurz zum Abendbrot nach Hause und verließen dann das Haus wieder, um sich zu vergnügen.
Axel gehörte der Jungschar und später dem Jugendkreis an. Er galt als der „tolle Wirbel" der Gruppe, um den sich alles drehte, und war wegen seines aufgeschlossenen, hilfsbereiten Wesens beliebt.
Mit fünfzehn Jahren kam er während einer Evangelisation zum Glauben. Es schien, als ob Axel alle Entbehrungen und Enttäuschungen seiner Kindheit überwunden habe. Doch im Unbewußten schwelte der alte Brand. Dort hatten sich Aggressionskräfte gegen die Eltern aufgestaut.
Als sie ihm wegen einer Kleinigkeit Vorhaltungen machten, kam es zum „Kurzschluß". Axel hinterließ einen Brief voller Vorwürfe und Anklagen und erhängte sich dann im Schlafzimmer der Eltern während ihrer Abwesenheit.
Frustration und aufgestaute Aggression richteten sich sowohl gegen die Eltern als auch gegen Axel selbst.

Schluß

Erkennen und helfen

Wer bin ich?

Ichsuche und Ichfindung

Ist es Gottes Wille, daß wir unser Ich finden? Sollten wir es nicht verlieren? Soll es ausgelöscht werden, wie der Hinduismus es lehrt? Soll sich meine Persönlichkeit auflösen im unendlichen Ozean wie ein Tropfen Wasser? Werde ich niemals wissen, wer ich bin, woher ich komme, wohin ich gehe? Genügt es zu sagen: Ich weiß nicht, wer ich bin, ich bemühe mich auch nicht, es zu wissen, ich lasse mich einfach fallen, dann falle ich zurück in Gottes Hände?
Können wir uns mit unserem unbekannten Ich identifizieren? Was ist das Ich? Gehört das Ich wirklich uns? Ist das Ich überhaupt das einzige, was uns gehört? Ist es deshalb von größter Wichtigkeit, sein Ich zu finden und zu wissen, was mit ihm geschieht?
Die Psychologie fordert die Selbsterkenntnis; sie plädiert für die Selbstanerkennung, das heißt für die Selbstannahme und für die Selbstentfaltung.
Bei der Bemühung um Selbsterkenntnis geschieht etwas Eigentümliches. Wir schauen dem Ich sozusagen über die Schulter. Irgendwie geht das nicht.
Wir können uns nicht selbst erkennen, indem wir uns selbst erforschen. Wir können uns nur erkennen, wenn wir uns auf etwas beziehen, das außerhalb von uns selbst liegt. Wir müssen dann den außer uns liegenden Standort einnehmen und uns von daher zu erkennen versuchen.

Ein solcher Standort wäre der andere Mensch. Aber dann hätten wir auch die Sehweise des anderen bei der Bewertung unseres Ich mit übernommen. Die Inspektion wäre subjektiv und relativ.

Es gibt aber eine Möglichkeit: Wir können uns erkennen, indem wir mit Gott in Beziehung treten. Mit Sören Kierkegaard müssen wir erkennen, daß wir ohne diese Beziehung nicht wir selbst sind. Selbsterkenntnis wäre nicht möglich ohne Gott. Wir lernen uns erst kennen, wenn wir Gottes Gedanken mitdenken und seine Pläne und Absichten mit uns erkennen.

Dabei wird sichtbar: Unser Ich ist zwiespältig, es ist mit Angst besetzt, zweifelnd, von Triebansprüchen attackiert, von Forderungen der Umwelt bedrängt. Dieses Ich schafft es nicht, Frieden und Geborgenheit, Sicherheit und Entscheidungsvollmacht zu geben. Ichverwirklichung und Ichentfaltung sind deshalb problematisch.

Wer vermag diesem unerlösten Ich zu helfen?

Es gibt nur eine Lösung: Das Ich muß Gott ausgeliefert werden.

Wenn wir unser Ich im Lichte Gottes sehen, erkennen wir die Notwendigkeit der Wandlung, weil wir die göttliche Bestimmung und das göttliche Ziel für unser Ich erkennen. In diesem Erkennungsprozeß sehen wir das Bild Jesu, in das unser Ich gestaltet werden soll. Es gibt einen Maßstab der Entfaltung für das Ich: den Maßstab Jesu. Es gibt eine Zielgestalt der Erfüllung: Die Fülle Gottes, die in Jesus Christus wohnt (Kol. 2, 9).

Selbstannahme und Selbstentfaltung

Im Blick auf diese göttliche Bestimmung und auf das Ziel der Entfaltung können wir unser Ich anerkennen, das heißt es annehmen. Unser Ich ist unter die Erlösung gestellt. Dieses Ich können wir lieben, indem wir den lieben, der unser Ich geliebt hat, Gott selbst.

Wenn wir uns aber nicht in uns selbst, sondern in Gott lieben, dann lieben wir uns in zweiter Linie. Er liebt uns, also können wir uns in dieser Liebe selbst lieben.

Diese Liebe hat ein anderes Zentrum, eine andere Achse, als die Ich-Achse. Wir sind von Gott angenommen und deshalb ist unser Ich auch für uns selbst annehmbar. Damit fallen Selbstverneinung, Selbsthaß und Selbstverachtung weg.

Das Leben mit Jesus ist ein intensiver Lernprozeß. Aus dem Umgang mit Jesus erlerne ich auch das Umgehen mit mir selbst und mit anderen. So ist eine Ichentfaltung möglich, denn jetzt entfaltet sich Christus in uns. Wir entfalten unser Ich für Christus. Somit geht unser Ich nicht verloren, es wird nicht aufgelöst oder zertrümmert, denn es ist Christus ausgeliefert. Es wird erlöst von der Zwiespältigkeit, von der Angst, vom Zweifel, von dem zerstörenden Egoismus und vom ichbezogenen Willen. Es wird also an einen höheren Willen verloren und darum frei. Es wird neu gefunden im Gehorsam gegen Christus.

Es wird keineswegs ausgelöscht — es wird erhöht. Es wird dadurch befreit von der Schwäche. Ichschwäche ist keine Tugend. Ichschwäche bringt viele Probleme und Schwierigkeiten in den Beziehungen zur Umwelt. Ichschwäche macht entscheidungsschwach, unsicher, gehemmt.

Ichstärke hat viele Vorteile. Ichstärke ist aber auch nicht unproblematisch. Ichstarke Naturen können bekanntlich über Leichen gehen, um ihr Ziel zu erreichen. Es fehlt die Ichgröße. Ichstärke ohne Ichgröße ist verwerflich.

Selbstentfaltung durch Ichhingabe

Diese Ichgröße ist das Geschenk der Wandlung, eine Frucht der Ich-Hingabe. Gott gebraucht das Ich, und bevor er es gebraucht, macht er es heil und entfaltet es zur von Gott

bestimmten Größe. Deshalb ist Ichhingabe — Ichverwirklichung.
Das große Geheimnis der Ichverwirklichung durch Ichhingabe wurde offenbar in der göttlichen Selbsthingabe. „Das Wort wurde Fleisch." Dies ist das tiefe Geheimnis Gottes. In ihm ruht die tiefste Freude, die kosmische Freude: Alles ist in diese Wandlung hineingezogen. Wir alle leben davon und finden dadurch unsere Lebensbestimmung und -erfüllung. Das Weizenkorn stirbt, damit es viel Frucht bringt — unendlich viel Frucht bringt. Von diesem Geheimnis und seiner Verwirklichung in Jesus Christus leben wir alle bis heute.
Demgegenüber gibt es die eine und zugleich tiefste Sünde: Die Ichvergottung und die vermeintliche Icherlösung, die uns um das Werk Gottes, um sein einzigartiges Geheimnis und seine Erfüllung bringt.

Wer bist Du?

Vom Kennenlernen zum Erkennen

Auch der andere ist immer mehr, als wir von ihm wissen und von ihm erkennen können. Wir kennen höchstens die Umrisse seiner Persönlichkeit.
Es gibt verschiedene Beweggründe, die uns motivieren können, andere Menschen kennenzulernen und in ihrem Wesen zu erkennen.
Wie weit darf unser Erforschen, unser Erkennenwollen gehen? Sind uns Grenzen gesetzt? Wodurch sind uns Grenzen gesetzt?
Es gibt Beweggründe, die schon im Ansatz fragwürdig und negativ sind. Meistens sind sie unbewußt. Man erforscht den anderen, um Macht über ihn zu bekommen, um ihn zu kenn-

zeichnen, damit er ein für allemal erledigt ist. So kann man ihn aus der Kartei streichen, um sich dem nächsten Opfer zuzuwenden.

Wir können auch aus der Vorsicht und der Angst heraus motiviert werden, andere zu testen und in ihren Tiefen zu ergründen. Im Einzelfall mag dies notwendig sein.

Der Weg zum anderen Menschen aber muß frei sein von fragwürdigen Beweggründen. Wer offen und freimütig auf den anderen zugeht, erfährt im Abenteuer des Begegnens das Geheimnis seiner Persönlichkeit. Er stößt auf sein einmaliges und unvertretbares Ich. Diese Entdeckung schafft Distanzen. Aus der Distanz heraus aber können wir den anderen besser erkennen, als er selbst imstande ist, sich zu erkennen.

Wir können ihm beim Suchen und Finden seiner Identität behilflich sein. Wir können ihm aus seiner persönlichen Problematik und seinem Leiden an sich selbst heraushelfen, indem wir ihn vor Gott stellen im Gebet und im direkten Gespräch. Niemals lernen wir uns selbst und den anderen besser kennen als im Akt des Gebets und der Vertiefung in die Heilige Schrift.

Erkennen, um zu helfen

Jede Ich-Du-Begegnung kann zu einer Ich-Du-Christus-Begegnung werden. In der seelsorgerlichen Beratung ist dies eine entscheidende Voraussetzung.

Willy Kramp berichtet in seiner Erzählung „Die Macht der Lüge“ die Geschichte eines jungen Menschen, der während seiner Militärzeit unter starken Minderwertigkeitsgefühlen und unter dem Isoliertsein innerhalb seiner Gruppe leidet. Sein Vorgesetzter sieht diesem Leiden zu, ohne die Hintergründe zu erkennen und die Vorgänge im Unbewußten dieses jungen Soldaten zu verstehen. Das seltsame Gebaren des Jugendlichen fällt ihm zwar auf, aber er beläßt es beim Studieren der Personalakte und beim oberflächlichen Testen.

Der junge Mensch versucht verzweifelt, sich selbst aufzuwerten, indem er überkompensiert. Er gibt mächtig an und versetzt sich in Rollen und Funktionen, die ihm nicht zustehen. Einmal alarmiert er die Bevölkerung der Umgebung mit falschen Meldungen und gibt sich als Offizier aus. Schließlich wird er aufgegriffen und vor seinen Vorgesetzten gebracht. Dieser sagt ihm seine Hochstapelei auf den Kopf zu. Verzweifelt versucht der Soldat, seine seelische Situation zu deuten. Er hat sich völlig in eine lügenhafte Existenzweise verstrickt und findet allein nicht mehr heraus. Auf seine Bitte hin: „Herr Hauptmann, bitte, beten Sie mit mir!" reagiert dieser abweisend.

Die Stunde der Rettung ist verpaßt. Alle sonstigen wohlmeinenden Worte des Vorgesetzten gehen ins Leere. Der junge Soldat nimmt sich das Leben. Das Gewissen des Hauptmanns ist schwer belastet, aber für die Hilfe ist es zu spät. Er hat versagt.

Das testende Interesse für den jungen Menschen war in diesem Fall zwar begründet, aber keinesfalls ausreichend. Wozu hilft es, wenn die Aufgabe und zugleich die Chance zum Helfen nicht richtig erkannt und genutzt wird?

Jeder Christ ist dazu gerufen und berufen, dem anderen ein Seelsorger und damit ein Helfer zu sein. Hierin liegt die berechtigte Motivation für das Erkennenwollen des anderen Menschen.

Wir können in diesem Buch keine Einführung in die Lehre von der Seelsorge geben. Aber es darf auf den Ruf Jesu und die Berufung zum Dienst der Seelsorge hingewiesen und dazu aufgerufen werden.

Statt einer theoretischen Darstellung der Seelsorge, stellen wir hier einen Fall aus der Seelsorgepraxis Jesu vor. Niemand kann in eine bessere Lehre eintreten als in die Lebenspraxis Jesu und in die Schule seiner Nachfolge. Wen er ruft und beruft, dem gibt er auch die Vollmacht und die Gelegenheit, die Gaben und die Kenntnisse.

Aus der Seelsorgepraxis Jesu:

Der Fall Zachäus

Lukas berichtet eine — wie es zunächst scheint — ganz nebensächliche Begebenheit aus der Praxis Jesu:
Jesus kommt in eine Stadt und wird dort von vielen Menschen erwartet. Am Straßenrand stehen Neugierige, aber auch Hilfesuchende. Plötzlich bleibt Jesus stehen, denn er hat soeben über sich in einem Baum sitzend einen Mann erkannt, der ihn mit interessierten, aber auch traurigen Augen anblickt.
Wer ist dieser Mensch? In Jericho kennt ihn fast jeder. Er gehört einer Berufsgruppe an, die mehr als verhaßt ist. Zudem hat er kaum etwas Gewinnendes. Lukas spricht von seinem kleinen Wuchs.
Zachäus ist frustriert. Man hat ihn gedemütigt, links liegenlassen und beleidigt, weil er das Geschäft für die Besatzung treibt und sich dabei selbst bereichert. Wucherer nennen sie ihn und Verräter, Schuft und Feigling.
Zachäus zahlt es ihnen heim. Er sitzt am längeren Hebel, denn keiner kommt an seinem Zollhaus vorbei, ohne zu bezahlen. Und sie zahlen alle, wütend, mit geballten Fäusten, aber sie zahlen.
Zachäus weiß um seine Schuld. Seine Schuldgefühle quälen ihn. Doch er kann seine Schuld nicht zugeben. Seine Rolle läßt dies nicht zu. Er kann sich nur rächen für Demütigungen und für die Verachtung.
Damit kompensiert er seinen Minderwertigkeitskomplex und seine verdrängten Schuldgefühle. Aber er begnügt sich nicht mit dem Ausgleich, er überkompensiert seinen Geltungstrieb und sein Bedürfnis nach Anerkennung. Zachäus wird zum Ausbeuter, zum Schinder und zum Angeber. Die

Bürger der Stadt ducken sich und setzen ihre Angst in Haß und in Wut um. Die Angst vor den Repressalien staut ihre Aggression. Der Aggressionsausbruch steht bevor.

Der Wendepunkt

Dann kommt Jesus. Er bleibt vor dem Ausgestoßenen stehen. Seine Augen sehen den Sünder und zugleich den hilfesuchenden Blick des Zachäus. Jesus kann gut zwischen der bloßen Neugierde und der Notsituation unterscheiden.
Die umstehenden Menschen sehen im Verhalten des Zachäus nur einen neuen Versuch der Kompensation, einen Versuch, die Niederlage umzuwandeln in einen Treffer.
Jeder kennt seine eigene Seele. Es ist nichts leichter, als seinen eigenen Schatten in andere Menschen hineinzuverlegen. Zudem ist Zachäus in ihren Augen ein verlorener, verdammter, weil unverbesserlicher Bösewicht, ein Musterbeispiel von einem Sünder. Einer solchen Ausgeburt der Hölle kann man ruhig den eigenen Schmutz aufbürden, da kommt es nicht mehr darauf an.
Zachäus aber ist voller Sehnsucht. Tief sitzt das Verlangen in ihm, endlich einmal er selbst sein zu dürfen. Er möchte aus seiner Rolle aussteigen. Seine Existenz scheint ihm verwerflich. Er möchte befreit werden von seiner Schuld und von seinen Komplexen. Sein verpfuschtes, verlorenes Leben, sein Dasein ohne Sinn und Ziel liegt jetzt offen vor Jesus. Jesus sieht tiefer, als Zachäus ahnen kann. Er sieht tiefer, als Zachäus selbst sehen kann.

Die Praxis Jesu

Und nun müssen wir sehen, was Jesus tut!
Jesus befaßt sich mit Zachäus — und nur mit ihm. Alles andere tritt zurück. Er rückt ihm förmlich näher. Jesus tritt in die Existenz des Zachäus ein. Er berührt den „Unberührbaren", er durchbricht die Zone des Hasses und der Todfeindschaft. Er hebt die Isolation auf und bricht den Bann, der über Zachäus liegt.

Schon der Blick Jesu befreit, vielmehr noch seine Worte: „Steig herunter!" Mit anderen Worten: Komm zur Wirklichkeit zurück! Ich nehme dich an! Ich komme wirklich zu dir! Für mich bist du keine Null! Ich hasse dich nicht! Ich bin ganz für dich da! Fasse Vertrauen! Jawohl, ich habe Zeit für dich! Nein, ich spreche keine allgemeinen Höflichkeitsworte. Ich komme zu dir! Wirklich, ich komme zu dir — in deine Existenz! Ich verachte dich nicht! Ich liebe dich! Jawohl, ich bejahe dich! Nicht deine Verfehlungen, unter denen du selbst leidest, ich bejahe *dich*, den suchenden Sünder, den Verlorenen, der sich finden lassen will. Deshalb bist du doch auf den Baum gestiegen, nicht wahr, Zachäus?! Du willst dich finden lassen!
„Ich will bei dir — in deinem Hause — einkehren!" Zachäus, ich will dein Gast sein. Brauchst du noch weitere Argumente? Oder erkennst du, daß ich in deine Existenz — in dein Leben — eintrete? Ich will dich wieder in den Kreis deiner Mitmenschen stellen! Es gibt eine Chance für dich!
Zachäus ist zutiefst betroffen. Er erkennt die große Chance — und spürt zugleich den Anspruch Jesu! Doch die Umkehr ist in vollem Gange, der Befreiungsprozeß hat begonnen. Es gibt dafür ein untrügliches Zeichen: die Freude. Lukas berichtet ganz schlicht: „Zachäus stieg eilends herab und nahm Jesus mit Freuden auf ..."
Die Reaktion der Umstehenden gibt keine Rätsel auf. Die Sensation ist vollkommen (obwohl sie von Jesus nicht gewünscht ist). Die Enttäuschung darüber, um die Chance eines eigenen Neuanfangs gebracht zu sein, schwelt noch bei ihnen im Unbewußten. Überdies läßt es der Stolz noch nicht zu, den eigenen Schatten zu sehen und seinen Inhalt zu erkennen.

Befreiung zum kreativen Leben

Bei Zachäus geht der Lernprozeß inzwischen weiter. Er hat die Macht der Vergebung erfahren. Das Erlebnis der Annahme und des Neuanfangs beginnt zu wirken. Die Neuein-

stellung drückt sich bereits aus und wirkt wie ein Signal: „Ich will zurückerstatten ... wiedergutmachen ..."
Zachäus will darüber hinaus noch mehr tun. Mit einer einfachen Kompensation gibt er sich nicht mehr zufrieden. Ausgleichen ist ihm zu wenig. Er sieht plötzlich so viele kreative Möglichkeiten, die ihm die neue Existenz schenkt: Mein Leben reicht mir nicht mehr aus. Ich will es vervielfältigen, will andere daran teilnehmen lassen. Mein Geld soll dienen ... meine Gaben sollen andere erfreuen ... meine Kräfte stelle ich gern zur Verfügung ... andere sollen von meinen Erfahrungen lernen ...
Jesus bestätigt und bekräftigt die ersten Schritte im neuen Leben: „Diesem Hause ist heute Heil widerfahren ...!" Die Vergebung ist angenommen, Jesus ist in das Leben hineingekommen, das neue Leben mit ihm hat begonnen. (Vgl. Lukas 19.)

Stichwortverzeichnis, Begriffserklärung